从容淡定过一生

弘一法师李叔同传

王牧 著

北京日报出版社

图书在版编目（CIP）数据

从容淡定过一生 / 王牧著 . -- 北京：北京日报出版社，2024.7

ISBN 978-7-5477-4957-9

Ⅰ . ①从…　Ⅱ . ①王…　Ⅲ . ①李叔同（1880－1942）－传记　Ⅳ . ① B949.92

中国国家版本馆 CIP 数据核字 (2024) 第 100461 号

从容淡定过一生

出版发行： 北京日报出版社
地　　址： 北京市东城区东单三条 8-16 号东方广场东配楼四层
邮　　编： 100005
电　　话： 发行部：（010）65255876
　　　　　总编室：（010）65252135
印　　刷： 三河市龙大印装有限公司
经　　销： 各地新华书店
版　　次： 2024 年 7 月第 1 版
　　　　　2024 年 7 月第 1 次印刷
开　　本： 880 毫米 ×1230 毫米　1/32
印　　张： 6.5
字　　数： 160 千字
定　　价： 36.00 元

前言

弘一法师原名李叔同，是我国近现代文化史上一位不可多得的文艺全才，在戏剧、美术、金石、广告、教育各个领域都有极深的造诣。他精通绘画、音乐、戏剧、书法、篆刻和诗词，中兴佛教南山律宗，是著名的佛教高僧。

他一生有很多个标签，亦有很多个名字。父亲给他取名李叔同；母亲唤他乳名成蹊；求学时他给自己取名李广平；留学日本期间他称自己李哀，时而又唤自己李岸；当三千发丝纷纷落下时，他成为一代佛学大师弘一法师。每一个名字都代表一份心境，一个身份。

他是天津豪门“桐达李家”的富家公子；

他是多情多才的民国风流才子；

他是留学海外的音乐天才；

他是著名书法家；

他是“二十文章惊海内”的文学家；

他是篆刻家；

他是中国新文化运动的前驱；

他是近代史上著名的艺术家、教育家、思想家、革新家；

他更是一代佛学大师。

作为中国新文化运动的早期启蒙者，他一生在诸多文化领域都有卓越的建树，先后培养了一大批优秀艺术人才。作家曹聚仁，画

家丰子恺、潘天寿，音乐家刘质平等文化名人皆出其门下。

李叔同的一生极富传奇色彩。在他一生的 63 年中，39 年在俗、24 年求佛，半世红尘半世空门，都充满诗意和神秘。他一生光明磊落，洒脱飘逸令人向往，又高山仰止。

在俗，李叔同清新高雅如兰花一般；在僧，李叔同积极入世，高调弘扬佛法。他活出了真我，丢掉了世俗间一切的伪装和虚无，只为世间留下一个活脱脱的纯粹的人，他以洒脱而极端的方式，为世间留下了一个让世间无数人孜孜以求、永难超越的完美形象。

李叔同以超凡的姿态，度过了世俗的几十载，他带着对世间的眷恋，更怀着对佛教的敬仰，以“悲欣交集”、充满期待的心情离开了这个世界。大师的弟子丰子恺先生曾用自己对人生的理解来诠释李叔同：“我以为人的生活，可以分作三层：一是物质生活，二是精神生活，三是灵魂生活。物质生活就是衣食，精神生活就是学术文艺，灵魂生活就是宗教。人生多是这样一个三层楼。弘一法师是一层一层走上去的。”每一步，李叔同都用力、用情、用心在走。他人生中的每一个场景，每一句台词都那么精致且浑然天成。

临终时，李叔同为自己的一生下了这样一个定义：“悲欣交集。”这四个字，足以证明弘一大师的无上智慧！

李叔同的一生，为世人展示了文人雅士的高贵气质和涵养、艺术家的激情与浪漫、高僧大德的从容与慈悲……他为世人留下了无穷的精神财富，他的一生颇具传奇色彩，我们只需记住，这世间曾有一个如此优秀、如此全面、如此绚丽的人来过……

目 录

第一章 津门少年

第二章 南迁上海

第三章 日本求学

第四章　回国执教

第五章　皈依佛门

附录：李叔同年表

第一章　津门少年

李世珍的佛缘

天津地处海河流域下游，既是连接南北的漕运枢纽，又是连通世界的海运港口。得天独厚的地理条件使得天津在明清时期成为全国商品货物的中转站和集散地。四海之珍、南北之财皆汇于此。李叔同就出生在这个地方。

1880 年 10 月 23 日，李叔同出生在天津的一座大院里，这个大院的主人就是当地大名鼎鼎的盐商李世珍。

我们知道商业繁荣的基础是人力、物资快速而大量的流动。天津在明清两代可是赫赫有名的商贾重地，京杭大运河出京首站即是天津。提到这座城市的名字，还得从明洪武三十一年（1398）说起。这一年，朱元璋去世后，他的孙子建文帝朱允文继位，朱元璋之子朱棣以“靖难”为名发动了夺位之战。建文二年（1400）九月，朱棣率军由通州“循河而南，渡直沽，昼夜兼行”，破沧州，直通南京，并赐直沽名为“天津”，意为“天子济渡之地”。天津老城北门外的渡口处，曾建有“龙飞渡跸”的牌坊记录这段辉煌历史。

称帝后，朱棣以“直沽海运商泊往来之冲，宜设军卫”，故于永乐二年至四年（1404—1406）先后设天津卫、天津左卫和天津右卫，并建立了天津卫城。

历经明代多年的经营，天津卫城已有“赛淮安”之美誉。到清顺治九年（1652），天津三卫合一，统称“天津卫”，这一名称也成为天津城市的别名。

天津依托运河，漕运得以飞速发展。自此，天津商业繁荣，财聚四海，“民喜为商贾”。凭借海河得天独厚的地理优势，汇南北舟车，集八方商贾，迎海运漕粮，纳吴越百货。加上天津优越的地理环境和丰富的自然资源，为天津农、林、牧、副、渔、盐业和手工业的发展提供了先天条件，其中渔、盐及手工业生产习俗颇具特色，是天津当时的支柱产业。特别是清末开埠以后，西方列强的经济入侵客观上刺激了民族工业的发展，并逐步成为华北地区民族工业的重要基地。到了清朝中后期，漕运、盐业、粮业更加发达，经济空前繁荣。

李世珍就是在这样的背景下进入历史视野的，他于同治四年（1865）中进士，考中进士后曾任吏部主事，不久后便辞官返回天津经商，主营盐业后成巨富；因乐善好施，创办“备济社”，向贫民施舍粮食棺木，又兴办义塾让贫困儿童上学，在津门一带博得“李善人”的雅号。

李世珍曾官任吏部主事，后又成为天津大盐商，还兼营“桐达”银号，家财万贯。人称“桐达李家”。

天津渤海边的长芦盐场是中国的四大盐场之一，是当时我国海盐产量最大的盐场。加上便利的交通运输，以及毗邻北京的天然优势，盐业自然十分发达。李世珍独具慧眼，直通政商两界，生意兴隆，短时间内迅速积累起财富，成为一方富贾，跻身当时天津城中贵族人群。

财富的迅速累积，为李叔同的成长提供了物质保障，也使他的成长能够不为生活所累，肆意挥洒人生。

中国人一旦有钱便有买房置地的传统，李家也是如此。在李世珍的经营下，李家发生了翻天覆地的变化，尤其在他 60 岁以后，其家族财富快速增长。而在李叔同出生后不久，李家就在河东粮店后街重金购买了一所拥有 70 多间房屋的大宅子。这里靠近海河，隔河与天后宫、玉皇阁对望，是绝对的商业中心。

成功的商人都不会把鸡蛋放在同一个篮子里，精明圆融的李世珍自然懂得这一点，他除了经营盐业，还以商人机敏的眼光和嗅觉发现了钱庄的商机，成立了“桐达”字号的钱庄，所以世人还称他们为“桐达李家”。生意鼎盛时期，还在其他商业重镇设有分号。当然，后来随着时局的动荡变化，李家的生意日渐衰落。也许，这由盛而衰的生活落差，也是李叔同心路历程的一个重要转变，就像他的好友夏丏尊是他遁入佛门的助缘一样。

李世珍有着中国传统文人的一面，称得上是个德高望重的儒商。饮食起居、待人接物，均以儒家经典《论语》为准则，从不逾越半步。但他并不迂腐，相反，他思维活跃，精研百家，对佛学也有涉猎，且不浮于表面，钻研颇有心得。

晚年的李世珍乐善好施，热心公益事业，还设立义塾和备济

社，扶持家贫幼童读书，算是一个开明的封建绅士。除此之外，他还时常慰问贫苦人家，施舍资粮衣物；收养流浪乞者……种种善行，不一而足，因此人送称号“李善人”。

李叔同的童年就是生活在这样的家庭背景下，他后来盛年出家，与其幼年时期耳濡目染的善缘佛法有很大关系。李叔同自己也说过，从 5 岁记事起，家中常常有出家人来来往往，念经、拜忏、做道场。

这一时期的李世珍已经步入晚年，他一心向善，坚持放生，鱼虫飞鸟放生不计其数。特别是他老来得子，60 多岁时，李叔同的出生更让他喜出望外，将蜂拥而至的渔民小贩手里的鱼虾种种，悉数买下放生。

世人皆知李叔同对禅宗的贡献，却不一定清楚他的父亲李世珍对禅宗也颇有研究，这也许是促成桐达李家礼佛敬佛的一个内在因素。佛教一心教人向善，李世珍晚年的善行也许皆发心于此。而且，毕竟人是会受到环境影响的，父亲的凡此种种行为，也或多或少地影响了李叔同日后的行为和思想，促使他走出了一条不同寻常的人生道路。

喜鹊报新生

李世珍虽然家大业大，却常常有一种后继无人的危机感。李叔同长兄李文锦婚后早逝，次兄文熙孱弱多病，自此我们也能理解李世珍为什么在 1878 年时纳不到 20 岁的王氏为妾，从他的为人处世和个人生活情趣看，并非他贪恋美色，更多的是为李家传宗接代。1880 年李叔同出生，李世珍晚年得子，珍爱之情无以言表。

传说李叔同诞生之日，门外有喜鹊口衔松枝飞入产房，将松枝安放于李叔同之母的床前，欢叫一声后飞去。此松枝被视作佛赐善根，李世珍奉为吉兆，当下安排外出购鱼鸟放生。

但好景不长，在李叔同 5 岁那年，父亲李世珍突然腹泻不止，自知不久于人世，于是延请高僧诵读《金刚经》。5 岁的李叔同尚为懵懂孩童，不知人间悲喜，偷偷揭开帘子向里窥视。最后，李世珍还是驾鹤西游，享年 72 岁。

李世珍的灵柩留家 7 日，因为他一心向佛，后事自然请高僧大德每日诵经不绝。年幼的李叔同看着这样宏大的场面十分好奇，还带着一帮孩子模仿，俨然“孩子王”。

不仅如此，李叔同此后还时常带着侄儿李圣章等一帮小孩，仿效放焰口（焰口是佛教六道饿鬼道中鬼的名字，是根据《救拔焰口饿鬼陀罗尼经》而举行的一种佛事仪式）游戏，而他还亲自扮演大和尚，形象惟妙惟肖。谁也不会想到，30 多年后，李叔同真的披上了这早就为他准备的袈裟，这一切似乎冥冥之中早有注定。

而此时的李叔同还是懵懂孩童，失去父亲并没有影响他的生活，故而没有特别的感受。他的童年依然是快乐的，这从他后来模仿日本词作家犬童球溪《故乡的废宅》所作的《忆儿时》，可见他对童年生活的留恋与回忆：

春去秋来，岁月如流，游子伤漂泊。

1 一九〇二年摄于上海，时年二十三岁。

2 一九〇五年摄于日本东京。

3 一九一五年摄于杭州。

李叔同不同时期照片

回忆儿时，家居嬉戏，光景宛如昨。
茅屋三椽，老梅一树，树底迷藏捉。
高枝啼鸟，小川游鱼，曾把闲情托。
儿时欢乐，斯乐不可作。
儿时欢乐，斯乐不可作。

启蒙教育

父亲去世后，李叔同也到了上学读书的年龄。于是，很快他就在家中的“存朴堂”，开始了他的启蒙教育。

李叔同一生做人行事很有修养，与其早年家中生活环境有密切的关系。李世珍去世时，李叔同年龄尚小，并没有从父亲那里得到更多的言传身教，兄长李文熙更多地充当了父亲的角色。

李文熙，字桐冈，生于同治七年（1868），卒于1929年。比李叔同年长12岁。自从父亲去世后，这个年龄不足20岁的青年成为李家的掌门人，承担着整个家族的责任。

看其生卒年代，以及所受教育的时代背景，我们自然不难想象，李文熙的治家风格颇得李世珍的精髓。李世珍是一个在生活中很讲规矩的人，这一点在李文熙身上有明显的继承。而此时，这种家族遗风自然复制到李叔同的身上，跟随兄长读启蒙书《三字经》《百家姓》时，他也受到严格的管束。

封建社会，读书仕进不仅可以改变一个人的命运，也是整个家族获得荣耀的途径。李家作为成功的士大夫之家族，也是书香门第，自然十分重视教育，尤其在开明商人看来，入仕为官既能带来光宗耀祖的无上荣耀，也可与商业经营相辅相成，是通往贵族身份的重要途径。

李家的子弟应该有功名在身，这决定了李叔同早年的读书进仕之路。

总之，李叔同 5 岁即随母诵习唐诗格言，6 岁学习家规，7 岁从兄李文熙开蒙，依次学习《三字经》《百家姓》《百孝图》《玉历钞传》《格言联璧》等。

李文熙对李叔同督教甚严，教其待人接物不得越礼。8 岁从常云庄读《文选》，“日诵五酉，过目不忘”。9 岁读《四书》《诗经》《孝经》及唐诗，12 岁攻《史记》《汉书》，书法临《张迁碑》《龙门二十品》等。

我们总是试图从李叔同前期的生活履历中找寻根植他内心深处的佛缘，除了其父亲李世珍在世时家庭的熏染。据传，在李叔同七八岁时，有个曾到普陀山出家的王孝廉回到天津，长年在无量庵驻锡、打坐。李叔同的大侄媳妇早年丧夫，生活并不如意，常常有悲观厌世的情绪，后来常常跟随王孝廉诵读《大悲咒》《往生咒》等。李叔同时常听到诵经声，心生欢喜，加上心聪神慧，不几次就能将经文背诵下来。此外，李叔同的乳母刘氏，能背诵《名贤集》，也曾深深影响了李叔同早期的世界观和精神世界。后来出家，李叔同曾自述“七八岁时，即有无常苦空之感，乳母每诫之，以为非童年所宜。及慈亲早丧，益感无常，悟无我理”（蔡冠洛《戒珠苑一夕谈》）。12 岁时，李叔同就有“人生犹似西山日，富贵终如瓦上霜”这样似历经沧桑之感的诗句。虽无法求证其真伪，却可从侧面窥见其遁入空门的行为，想来也并非一时之念吧。

光绪二十一年（1895），16 岁的李叔同考入天津的辅仁书院。创设于道光年间的这所书院，最主要的职能是提供作文的训练，专业名词叫制艺，其实就是学习八股文。

也就是说，李叔同起初接受的也是传统科举教育，他在辅仁书院期间的文章和书法都很出色。还曾精心手抄了关于如何读书应试的要则，即山西恒麓书院教谕思齐对诸生的一份《临别赠言》。李叔同反复研读，可见此时的李叔同对科举功名十分上心。

不过，在墨守成规地接受传统教育的同时，李叔同并没有放任自我，仍然在课余时间发展自己的兴趣。9 岁起，他就开始师从书法家唐静岩先生学习篆刻，并于 17 岁拜津门名士、诗人、书法家赵幼梅学词。这一时期，无忧无虑的李叔同畅游在诗书画印的海洋，乐此不疲。

不过，此时的中国却风云变幻，时局环境正在逐渐变化。天津作为国内屈指可数的海运港口，自然成为西方文明在我国北方的重要汇聚地。加上李鸿章以天津为中心举办的洋务事业，更使得西方文明强烈地冲击着这座城市。

早在 1887 年，清朝总理衙门与礼部曾议定科举增设算术学科办法，尝试将西学纳入科举考试，只是国人一时难以接受，无人参与而搁浅。

甲午战争之后，科举改革成为一大热点问题。社会讨论热烈，迫切需要变革。1896 年，包括李叔同所在的辅仁书院在内的学校，都要减少奖学金，而用于充实洋务书院。这种眼前真实的社会浪潮的冲击，让李叔同曾经发出“文章虽好，亦不足以制胜”的感慨。从中也能看出李叔同对西方文明并不抵触，甚至有些期望。

1897年和1898年，李叔同两次应试天津县学。其中在第二年，他还写了两篇时事评论文章，一是讲外交的《行己有耻使于四方不辱君命论》，另一篇则是侧重于资源开发利用的《乾始能以美利利天下论》。这些内容，表明甲午之后的李叔同已经有目的地读了一些新学书籍，可见他此时已经中外皆习，放眼看世界了。

19世纪和20世纪之交，时局纷乱，思想动荡，冲击着清政府的根基。于是，1901年，清政府开始实施新政，科技改革自然首当其冲。清政府宣布废除八股，乡、会试头场考中国政治史事，二场考各国政治艺学，三场考“四书五经”。西学被纳入考试范畴，成为新章科举最重要的变化。

李叔同接连几年屡试不第，直到1903年秋天，李叔同参加了在开封举行的中国历史上河南最后一次乡试，结果依然不理想，李叔同依然没有脱颖而出，或者我们应该庆幸地说，李叔同幸亏没有考中。

从此以后，李叔同放弃了对科考的追逐，也许追逐科考并非出自他的本心，从他学贯中西、接受西方知识和艺术形式来看，也许科考仅仅是为了实现家族书香门第的梦想而已。李叔同挣脱了思想的枷锁，开始了自由洒脱和更高精神境界，以及个人价值的更高层次的追求。

少年天才

李叔同堪称天才，他不仅是卓有成就的教育家、思想家、艺术家，在诗词、篆刻、音乐、美术、金石、书法、法学、汉字学、教育、哲学、社会学、广告出版、环境与动植物保护、养生断食实验诸方面均有创造性发展。其中，在书法方面的成就最高，不输于右任、谢无量等大家。对于李叔同的书法作品，他的老友马一浮曾这样评价："大师书法，得力于《张猛龙碑》，晚岁离尘，利落锋颖，乃一味恬静，在书家当为逸品。"李叔同书法特点由在俗时的线条精重方峭、结体茂密的特点转化成皈依佛门后的超脱尘世的禅意，是他人生观转变的写照，真所谓"字如其人"。就其成就和身份，可比肩"八大"。

我们知道，李叔同生而聪慧，情商也高，能够圆融地处理周围的一切事务。这一点，在其早年的教育经历中可见一斑。幼年时的李叔同天资聪颖，又生在富贵之家，同时其兄长以儒家思想对他严加管教，故而能够使其脱离平庸的家族产业继承者和纨绔子弟之流，向着人生更高境界迈进。

李叔同并非是个"两耳不闻窗外事，一心只读圣贤书"的人。相反，他兴趣广泛，爱好众多，加上颇有资质，艺术天分像暗夜里耀眼的灯光一样，灿烂地展现出来、迸发出来。

其实，芸芸众生中，少年聪明的人何止百千？奈何被凡事所

弘一法师舍利塔在杭州虎跑寺

一九八〇年泉州市佛教界僧侣在清源山弘一法师舍利塔前举行拜塔仪式

一九五四年摄于杭州

李叔同舍利塔及合影照

扰者众多，大多放弃了，或者根本就没有机会接触到。李叔同是幸运的，他很早就接触了书法、绘画、诗词、金石之学，对戏曲也十分痴迷，各种艺术种类都有所涉猎。而且，这种接受事物的技能变为主动性的时候，一种求知的欲望和接触新生事物的开放心态就逐渐形成了。这为他以后的艺术成就打下了坚实基础，也为他后来走上艺术道路做了准备和铺垫。

我们知道，李叔同从小就接受了良好的传统文化的熏陶，书画诗词，更是很有造诣，这都得益于他交游广泛或直接拜师学艺。鼓楼东姚家是乾嘉以来的天津名门，虽经商却没有一般商家的做派，而氤氲着一股书香之气。姚家是李家的世交，此时姚家的主人是姚学源，他诚聘大儒赵元礼设馆教导家中一众子弟，李叔同故而常有机会向赵元礼学习作赋、填词。赵元礼生于1868年，字幼梅，多次应试举人未中，20岁起以教读为生。博学多才，常常流连于各大名门望族，尤其擅长书法，与华世奎、严修、孟广慧并称为“天津四大书家”。李叔同这一时期的诗词功底和书法，甚至整个一生都深受赵元礼的影响。

据记载，1896年，李叔同开始从赵幼梅学词，两年后李叔同即奉母南迁上海。但二人对诗词、书画艺术有着共同兴趣，他们始终保持着联系。

姚家的姚彤章比李叔同年长6岁，监生出身，诗文、书法都有所长，自幼与李叔同情趣相投。

李叔同早年在天津还结交了孟广慧、王襄、华世奎、马家桐、徐士珍、王新铭、王钊等文人雅士。他们或擅长书法、绘画、诗词、金石篆刻、工笔花鸟，或数者兼顾，均为津门诗书画、金石篆刻等方面的名流。可以说，与当地文人的交往，为李叔同深厚的传统艺术功底铸就了牢固基础。

李叔同学习书画、篆刻，并不独专一人，而是数家并蓄，采众家之长，逐渐形成了自己的一套清丽脱俗的风格。

李叔同早年还随唐静岩学书法。唐先生在天津做官，后来又行医，颇有名声。他的书法篆刻远追秦汉，深受世人喜爱。李叔同十二三岁开始在唐静岩门下学习篆书、刻石，其书法功底多在这一时期打下基础。

李叔同对文学艺术有着与生俱来的天资，附以优渥的家庭条件，他的艺术天分真正被发挥到了极致，经历了前期的广泛涉猎后，他逐渐有了倾向性，更偏向文人雅趣的一类。李叔同诗词、书画、印刻无一不精，对金石、文玩、碑帖、字画的真假与否，也有相当高的鉴别能力。平时在家也喜欢挥毫泼墨、捉刀篆刻。

这些旧式文人的嗜好，熏陶了李叔同的艺术气质和高雅的生活情趣。

与书画艺术相关的另一大爱好，就是戏曲了。昆曲、京剧都曾流行于天津。更有甚者，会花大价钱从北京请戏班演出，甚至有些富商有私人戏班和乐队常驻家中。在这种浓烈的社会风气熏染下，李叔同也对戏曲产生了浓厚的兴趣。

天津有着浓厚的戏曲文化氛围，熏陶了李叔同的戏曲修养。有时甚至会自己粉墨登场，过一把戏瘾。由此可见，李叔同在日本能够惟妙惟肖地演绎《茶花女》，与他在天津时练就的戏剧功力分不开。而此时，李叔同对梆子戏名伶杨翠喜十分欣赏，隔三岔五就去捧场。1905 年，李叔同曾做词回忆，足见他对戏曲的喜爱，以及对戏曲表演者的爱屋及乌之情：

燕支山上花如雪，燕支山下人如月。额发翠云铺，眉弯淡欲无。夕阳微雨后，叶底秋痕瘦。生小怕言愁，言愁不耐羞。

晚风无力垂杨懒，情长忘却游丝短。酒醒月痕低，江南杜宇啼。痴魂销一捻，愿化穿花蝶。帘外隔花荫，朝朝香梦沉。（《菩萨蛮·忆杨翠喜二首》）

早年在天津的熏染，使李叔同颇有文人雅士风范，而且养成了他的文人心性。父亲是读书人和盐商的双重身份，让李叔同也有机会全面接受文化艺术的熏陶，其父去世后，兄长的管教更让李叔同继承了家族书卷气的一面。早期的李叔同的生活方方面面都彰显着一个大家族子弟的风范。他衣着考究，色彩、款式的搭配都有着一套标准化的流程。待人接物更是不拘小节，十分旷达，处处流露出一副富家少年郎的阳光形象。

正是出生在这样富裕的家庭，李叔同才能抛开基本的衣食住行的束缚，自由自在地畅游于艺术海洋之中。

门当户对

清朝末期，百姓家中如无大的波折起伏，大多结婚较早。大户人家更希望自己的族人早早成家立业。李叔同也不例外，1897年，18 岁的李叔同迎娶了大自己 2 岁、出身于天津一个茶商家庭的夫人俞氏，俞氏眉目端正、知书达礼，可谓门当户对。其长兄李文熙特意从家产中拨出 30 万元给他维系家用，然而，李叔同拿到巨款后的第一个行动，就彰显了他公子哥的文人行为：买了一架十分昂贵的钢琴，弹奏谱曲，并参加津门的戏剧活动。虽然这是他文艺细胞泛滥之举，却表明他对家庭并无特别的情感。后来，他能够义无反顾地置家庭于不顾，毅然出家，不难看出，李叔同对家庭没有太大的责任感。

中国的婚姻向来讲究门当户对，尤其是大富之家、达官显贵，更是有着条条框框的繁复规矩和错综复杂的官商交织。

天津盐商家族的婚姻历来讲究排场，对习惯于奢华的盐商来说，一场隆重的婚礼，是家族财富与社会地位的象征。李叔同的婚礼也是如此。尤其是在李世珍去世多年以后，李家更有必要通过这种方式，向世人证明李家依然有显赫的身份和地位。可以说，办好这场婚礼，已是关乎李家荣耀与面子的大事，而缔结姻缘本身倒在其次了。

从李叔同多年后毅然出家，以及在日本另娶日籍妻子的行为来看，李俞二人生活得并不幸福，更像是一场各取所需的生意。按照李叔同儿子李端的说法，自己的母亲性情温和而软弱，从来没有动手打过自己。李叔同青年时期的旷达洒脱，可以看作情感忧郁的外在宣泄。

李叔同是受过艺术教育的，他原本希望能结识一位和他一样有共同爱好，可以一起谈论诗词、探讨音乐的女子，没想到自己的妻子竟然是一位商人的女儿，而且是结婚之前从来没有见过的陌生女子。

本该有无限欢乐的新婚之夜，却让他极度不安。或许因为青春年少，或许因为不知所措，他在新婚的前三天里没有和自己的妻子说过一句话。第四天的晚上，他突然开口："你识字吗？"这样打破了几天的宁静，开始了一段尴尬的婚姻。

婚后第二年，俞氏随同李叔同迁居上海。从李叔同遗留下来有关俞氏及二人极少的一些文字可以看出，这一时期俞氏与李叔同之间似乎没有明显的不和。李叔同在俗时，与俞氏曾经生育三子。其中长子早夭，移居上海后又生了李准和李端。

1905 年，李叔同的生母王氏在上海病故，李叔同将王氏归葬于家族墓地。也许是俞氏自己思念家乡的缘故，或者李叔同有赴日留学的打算。总之，李叔同将全家老小从上海带回了天津。从此以后，俞氏携李准、李端一直生活在天津，直到去世。

1905 年李叔同到日本留学时，李准只有 5 岁，李端更是年幼。俞氏一人操持全家，幼子李端曾说，他十分感谢家中的保姆王妈妈。她在李家劳动了 50 多年，到 70 多岁时才离开，勤勤恳恳地照顾和侍候了李叔同祖孙三代人。王妈妈本来是专门侍候王氏的，却不想成了李家亦仆亦亲的人。李叔同出国留学后，王妈妈和俞氏及兄弟二人朝夕相处，对他们照顾备至。为了尊重她，俞氏让兄弟二人一直称她为"妈妈"，这是对这位老仆人最大的肯定和慰藉。

6 年后的 1911 年，李叔同留学归来，在天津小住一段时间后，再次南下，从此再未踏足天津，自然也没有再见过俞氏。

总之，俞氏就像历史长河中一粒小小的石子，默默无闻地支持着李叔同和他的选择，却从来不留下自己的声音。

1918 年，李叔同出家为僧。李叔同出家一事，俞氏可能事前并不知晓，也没有记载她获知消息后的行动，可见二人真的是没有感情。1927 年，李叔同的俗侄李麟玉到杭州拜访他时，李叔同说了许多自己出家前没有和俞氏商量，实在是对不起她的话。

李叔同出家后，他的兄长曾与俞氏商量，让她去杭州劝李叔同还俗，俞氏对此虽然十分伤心，却知晓自己的丈夫尽管外表绵柔，但行事决绝，知道已无法挽回，就对兄长说“您不用管了”。

关于劝说还俗一事，早年在上海与李叔同相交的黄炎培另有说法，叔同出家首先在杭州的西湖，经过了几年，李叔同的夫人到上海，要求城东女学杨白民夫人詹练一和我当时的夫人伴她去杭州找叔同，走了几个庙，找到了，要求叔同到岳庙前临湖素食店共餐。三人有问，叔同才答，终席，叔同从不自动发一言，也从不抬头睁眼向三人注视。

饭罢，叔同即告辞归庙，雇一小舟，三人送到船边，叔同一人上船了。船开行了，叔同从不回头。但见一桨一桨荡向湖心，直到连人带船一齐埋没在湖云深处，什么都不见，叔同最后依然不一顾，叔同夫人大哭而归。

李叔同突然出家为僧，对俞氏的精神有很大刺激。有两年时间，俞氏到一家刺绣学校学绣花解闷，后来又在家里找了几位女伴，教她们绣花。

李叔同离津后，曾托付李绍莲照顾俞氏母子。两家的后辈子孙很要好，每年暑假，俞氏都会带两个儿子去那里住上一段时间。

李端回忆说，在他岁数稍大的时候，父亲曾经来过两封信，都是在给二伯父的信中另纸附书，没有称谓也没有签名。第一封

李叔同书法

信是在出家后不久寄来的，当时李端正在上中学。信中说他已经出家当了和尚，让一家人也吃斋念佛，并嘱咐他们兄弟二人要用功读书，长大后从事教育工作。信笺是在白纸土印着一个和尚坐在那里的图案。看到这封信，一家人都哭了。

俞氏自知与李叔同并没有真正的夫妻感情，但作为合法妻子，她依然无法接受他的出家行为。

李叔同出家后，并没有彻底断绝尘缘，时常与家人、朋友通信，却很少提到自己的发妻。1926 年农历正月初三，俞氏故去，家中给李叔同去信报丧。他在月底给师父寂山和尚的信中说：

> 前数日得天津俗家兄函，谓在家之妻室已于正月初旬谢世，属弟子返津一次；但现在变乱未宁，弟子拟缓数月，再定行期，一时未能动身也。

尽管弘一法师在与师父的通信中表露了回家探望的打算，但事实上并没有北返。他与俞氏若即若离的一点儿联系，也随着俞氏的离去而永远地断绝了。

第二章 南迁上海

被迫离津

1898年，一批有志之士开始了拯救清政府的“百日维新”运动，光绪帝从康有为、梁启超颁布“明定国是诏”，宣布变法，也叫戊戌变法。而此时，李叔同正在辅仁书院读书，他也有“老大中华，非变法无以自存”的感慨，对维新运动有着青年发自肺腑的拥护，民间传说他曾刻有“南海康君是吾师”的一枚印章。然而，维新百日即告破灭，李叔同高涨的革新心绪也大受影响。

这次变法的余波影响的范围极大，就连在天津的李家也深受影响。

李叔同母亲王氏在大家庭里的地位难免尴尬，丈夫去世，儿子又非嫡出，处境自然不畅快；而当时李家在上海也有钱铺的分号，足以支撑家庭开销；加之维新失败后，时局很不稳定。生活上的不如意和心情上的落寞，让李叔同下定决心于1898年10月，奉母携眷离开了天津的大家族，迁居上海。

李叔同初到上海就立刻去了照相馆摄影留念，从存世的照片看，当时的李叔同神采飞扬、面容清秀、玉树临风，虽然稍显青涩腼腆，但他波澜壮阔的人生从此将徐徐拉开帷幕。

刚到上海的时候，李叔同全家租房居住于法租界卜邻里（今金陵东路附近），并改名李漱筒。

关于李叔同一家初期在上海的住处，林子青《弘一大师年谱》及夏丏尊、姜丹书、刘质平、丰子恺等回忆中都提到法租界的卜邻里。在上海图书馆资料库，存有一份出版于1899年9月25日的《中外日报》，其上有一处关于李叔同的广告，名为《后起之秀》：

> 李漱筒，当湖名士也。年十三，辄以书法篆刻名于乡。书则四体兼擅，篆法完白，隶法见山，行法苏黄，楷法隋魏。篆刻则独宗浙派，成童游燕，鸿印留题，人争宝贵。今岁年才弱冠，来游沪渎，诗酒余暇，雅欲与当代诸公广结翰墨因缘。缀润例如下：书扇五角，楹帖一元，堂副诸例，均详仿单，三日取件；篆刻石章，每件二角半，件交便览报馆、游戏报馆、九华堂、锦云堂代收。

广告中的“当湖”，即李叔同祖籍浙江平湖的古称，故有“李漱筒，当湖名士”之词。《中外日报》上所刊的广告，表明李叔同对自己的书法、篆刻颇为自信，并开始登广告做起了卖字画、替人刻章的生意。

这一时期的几个月内，李叔同多次刊登这则广告，并补充了自己的居所地址：法马路卜邻里第三弄。这是目前可查到的李叔同初期在上海最具体的住址。由此看来，他虽有钱铺做家底，也逐渐体会到生活的不易，开始谋生，同时也表明，李家开始走下坡路了。

而广告中为李叔同代理作品的九华堂也是沪上一家老字号字画店，该店在海内外书画、收藏界享有盛名，其制作的笺纸更是名家、学者所爱之物，许多名流都在该店定制私人用笺。海派画家的代表人物吴昌硕、任颐、吴湖帆等大家的作品，以及陈巨来和方介堪的篆刻等都曾由九华堂代理，李叔同选择九华堂打理字画、篆刻事物，也算合情合理。

1900 年 4 月 16 日的《游戏报》上则刊登了另一则“醾纨阁主人四体润格”的广告：

醾纨阁主人四体润格

李君漱筒年少多才，工四体，书魄亦嶄然有横绝一世之概。于大小篆尤能登峰造极。索书者日接踵于道。定润格于右：篆隶行楷，纨扇，半元；堂幅，八尺四元、六尺三元、四尺二元；横幅楹联同例。屏幅减半。名刺半元。镌刻石章，每字三角半。润资先惠，五日取件。件交四马路吉羊楼扇店，或交法租界南卜邻里三弄李公馆亦可。茂苑惜秋生，西湖天涯芳草馆主人　同启

可见醾纨阁主人是李叔同的别号。1899 年李叔同在上海曾购得纪晓岚所藏汉代甘林瓦砚，视若珍宝。1899 年 10 月 24 日《游戏报》上就有他以醾纨阁主人之名号发布之告白，广征海内外名士为名砚作题。后又将征得之题辞连同汉甘林瓦砚之拓本刊印成册《汉甘林瓦砚题辞》，在该书的内页上李叔同用的是“醾纨阁主李成蹊”之名号。

而落款处的茂苑惜秋生，是当时《游戏报》的编辑；西湖天涯芳草馆主人，就是与李叔同共主“书画公会”的吴涛。吴涛与李叔同渊源颇深，除了为李叔同发广告，还于1900年4月与李叔同共创书画公会，吴涛和李叔同分别任经理和副经理。二人又一起创办《书画公会报》，并于4月22日正式出版。据郭长海先生所撰《天涯处处有芳草，钱塘海阳是两家》一文中所言，在1900年8月31日的《游戏报》上曾刊登一首李叔同赠吴涛的词《苏幕遮·赠别天涯芳草馆主人》：“酒一杯，人千里。黄叶西风，转瞬秋来矣。日暮魂消南浦地。泪和愁情，化作寒江水。　悲男儿，风尘里。生离死别，辗转情河已！同病相怜原幸事。可奈匆匆，又见离筵启。当湖惜霜　倚声。”而在李叔同赴日留学时编印、1906年正月二十正式发行的《音乐小杂志》“词府”一章中，李叔同选录了西湖天涯芳草馆主人吴涛的一组词《天涯曲　题天涯萍梗图》，刊于章首，可见共同的文学爱好和情趣，将两人牢牢牵引在一起，使二人结下了深厚友谊。

有趣的是，李叔同一生所用名号众多，这也是历代文人热衷的一种文字游戏，既有寄情山水抒发心绪的意思，也是生活履历最好的注脚，甚至可以从中感受其心情的好坏和时代的变迁。他的弟子刘质平曾考证，李叔同曾用名达到200多个。除叔同、文涛之外，比较常用的俗家用名还有成蹊、李息、李哀等。从中可窥见李叔同不同时期的心路历程。

城南草堂

上海是当时的国际化大都市，领风气之先，名流汇聚，十里洋场，本来就人才辈出，藏龙卧虎。李叔同到上海后很快就适应了朋友圈的变化，迅速融入了当地文化圈。此时的李叔同年少才丰，新知旧学俱佳，所以在他到上海后不久就加入了“城南文社”。以横溢的才气、出众的文笔、新颖的理念成为文社的新星。曾作《拟宋玉小言赋》名列月会第一，其才情得以在更大的舞台尽情施展，名声渐起。

“城南文社”是一个切磋诗词文章的团体，活动地点就在城南草堂，城南草堂是上海南郊许幻园的公馆寓所，因地处南门外，所以叫“城南草堂”。许幻园是松江人，家中颇有资财，做人慷慨豪爽，身边笼络了一大批各界名流，自然成为上海滩公认的学界领袖。许幻园还经常举行悬赏征文活动，用以发现、笼络人才。

李叔同第一次到城南草堂参加课会，是翩翩公子的打扮：丝绒碗帽，正中缀一方白玉，曲襟背心，花缎袍子，后面扎着辫子，双量头厚底鞋子，头昂得高高的，一副英俊之气流露于眉目之间。许幻园一睹其风采，即有相见恨晚之感。

自从李叔同到上海后，只要他参加投稿，总能获得佳绩。许幻园对他的才华十分仰慕，欣喜之余，还特地让出城南草堂的一

李叔同书法

些房屋让李叔同一家搬来同住，从此二人便成了挚交。

城南草堂是李叔同在沪上继卜邻里之后的第二处居所。

草堂屋后有左右楼，左边是书画室，取名天籁阁；右为藏书楼，有主人收藏的《红楼后梦》《红楼补梦》《红楼复梦》《红楼绮梦》《红楼重梦》《红楼演梦》等，更有玉壶山人所作《红线》《红玉》《红拂》《红夫》《红绡》《红瓶》《红桥》《红儿》“八红图”。因此，草堂又叫“天籁阁”“八红楼”。据许幻园《城南草堂笔记·卷上》记载，城南草堂有着明确的建成时间：“丁酉秋，余奉继慈命，筑室于沪城之南，地颇静僻。出户不数武，有桥曰青龙桥，烟波十里，风帆往来，颇得林泉风景。”其所撰《城南草堂图记》中又云：“沪滨繁华，鸡犬桑麻，又是一番世界。人家多临水居，男妇皆朴重，盖犹有古风存焉。余性耽静僻，厌弃喧哗。于丁酉之春，筑草堂于此。庭植杂花，当盛开时，幽香满室，颇得佳趣。北临青龙桥，岸旁遍栽杨柳；东望黄浦，来往帆樯，历历在目。庚子孟秋，内子梦仙，为画草堂图，蒙海内大雅题句甚伙，因付制剧，以志墨缘，并附此图于集中，为记其缘起如此。云间幻园居士。”由此可见，草堂建筑时间应是 1897 年，从时间上看，是一处新居。

甫一落成，这里自然就成了许幻园呼朋引伴、以文会友的雅致之地。各界名流往来穿梭，十分热闹。除了许幻园和李叔同，经常在城南草堂聚会的人还有袁希濂、蔡小香、张小楼三位，他们也都是当时名震上海的文学名人。这五位才子年岁相差无多，情投意合。1900 年春，李叔同与许幻园、袁希濂、蔡小香、张小楼，在城南草堂义结金兰，世人称之为“天涯五友”，并聘请摄影师合影留念，足见五人对文学诚挚之爱，并惺惺相惜。当时沪上知名的《中外日报》亦先后刊登李叔同的《后起之秀》、张小楼的《小楼主人真草隶篆梅兰竹菊润规》和许幻园、宋贞夫妇《城南草堂书画》等润例，称李叔同“书则四体皆擅，人争宝贵”、言张小楼“书画冠绝行辈”、道许幻园“诗书画三绝”。

“天涯五友”

经常在城南草堂聚会的除许幻园、李叔同外，还有袁希濂、江湾蔡小香、江阴张小楼三位，他们也都是当时上海文艺界的知名人士。这五位才子年岁相差无多且意气相投，遂决定结成金兰之谊，号称“天涯五友”，并拍照留影纪念。许幻园的夫人宋贞曾有《题天涯五友图》诗五首，其中咏李叔同的一首是：

李也文名大似斗，等身著作脍人口。

酒酣诗思涌如泉，直把杜陵呼小友。

这首诗形象地表现出李叔同当时在上海的境况，他沉浸在诗文唱和之中，少年意气，潇洒无羁。

袁希濂（1878—1950），字仲濂，上海宝山人，善书法，与兄希洛、希涛称作“宝山三袁”。蔡小香（1863—1912），名钟骏，号轶侯，别号逸鸥，江湾人，对金石书画诗文颇有见地，成就斐然。他还收藏了100多方砚台，并将书房定名为“集砚斋”。他本人还是蔡氏妇科五世传人，开设有自己的诊所，行医济世。张小楼（1876—1950），名楠，小楼是他的字，又字小赓，自号蓉江小楼。江苏江阴人，善书画，并擅指书指画，是著名爱国民主人士李公朴的岳父。

“天涯五友”彼此诗文唱和、激扬文字，在上海文坛被传为佳话。

值得一提的是，关于李叔同搬入城南草堂居住和这段义结金兰的佳话，“天涯五友”之一的袁希濂曾在《余与大师之关系》中有相关叙述：“逊清光绪丁酉年，余肄业上海龙门书院，是年秋闱报罢，余集合同志，与本书院每月月课之外，假许幻园上舍城南草堂，组织城南文社，每月会课一次，以资切磋。课卷由张蒲友孝廉评阅，定其甲乙。孝廉宋儒性理之学，旁及诗赋。戊戌十月文社课题为‘朱子之学出自延平，主静之旨与延平异，又与濂溪异，试详其说’。当日交卷，另设诗赋小课，散卷带归，三日交卷，赋题‘拟宋玉小言赋’以题为韵。是时弘一大师年十九岁，初来入社，小课拟小言赋，写作俱佳，名列第一，此为余与师相识之始也。……翌年己亥，乃迁于青龙桥之城南草堂，与许幻园同居。师于诗文词赋外，极好书画。其与江湾蔡小香、江阴张小楼、华亭许幻园及余，尤为莫逆，吾等五人遂结金兰之谊，誓同甘苦。”

然而，袁希濂的这篇文章记载的李叔同入住草堂时间，似乎并不确定。

李叔同曾应许幻园之请为《城南草堂笔记》作跋，其中写道：“云间许幻园姻谱兄，风流文采，倾动一时。庚子初夏，余寄居城南草堂，由是促膝论文，迄无虚夕。”由此可见，庚子年（1900）初夏的时间是可采信的时间。草堂主人许幻园也在《城

李叔同书法

南草堂笔记·卷上》明确记载："庚子春，漱筒姻谱仲，迁居来南，与余同寓草堂，因见正中客厅新悬某名士书之一额曰'醾纨阁'，而右旁书室，尚缺匾额。余乘兴书'李庐'二字以赠之。"

结义之后，"天涯五友"度过了一段文采激扬、谈笑鸿儒的洒脱时光，恍如魏晋时期的"竹林七贤"，让人艳羡不已。

此时的李叔同，能够与挚友朝夕相处，促膝论文，从事着自己喜爱的文学、艺术事业，心情自然十分轻松怡然。一如许幻园在《城南草堂笔记·卷上》中所言："终日闭户读书，不问外务。冬月尝植梅花数株，疏影暗香，令人意远。往往与两三知己，即景联吟，颇得佳句。"彼此诗文相励，术艺交锋，《李庐印谱》《诗钟汇编初集》也相继刊行，闻名沪上。其时，李叔同母亲王太夫人与许幻园夫人宋贞亦相契无间，处得极为融洽。宋贞，字梦仙，沪上才女，与许幻园同受业于长洲王弢（1826—1897）、元和江标（1860—1899），工诗文，擅金石，绘花鸟鱼虫，曾录其旧稿杂文6篇、诗词24首、正草隶篆四体书8帧、仕女山水墨兰草虫8帧，集成《天籁阁四种》。梦仙体弱多病，李母常照顾左右，为治药饵，花晨夕月，说诗评画，互为乐趣，视同己出。

1900年3月，李叔同还与友人一起组织"海上书画公会"，每周出画报一期，由中外日报社随报发行。

书画公会以提倡风雅、振兴文艺为办会宗旨，开一代风气之先。同时，公会还出版发行《书画公会报》，专业刊登书画篆刻作品，其他新闻概不登载，以杜流弊，开我国书画艺术专业报的先河。

1901年5月，《中外日报》刊出南洋公学增设特班的招生通告，李叔同以总分第12名的成绩考入其中，同年9月正式成为蔡元培的学生。李叔同入学特班后，许幻园纳粟出仕，袁希濂入广方言馆，张小楼赴扬州东文学堂之聘，蔡小香忙于医事，救死扶伤。自此，除偶有一两人相聚，“天涯五友”再无谈笑诗文的重逢。五友的人生也各有枯荣，自此天各一方。

不过，李叔同在城南草堂于1900年、1904年先后诞下两个儿子李准和李端。他与母亲、妻儿度过了一段一生中难得的幸福而短暂的家庭生活。

老师蔡元培

1901年，清政府在开始推行科举变革的同时，再次宣示举行经济特科的选拔。在这一政策背景下，代理公学总理张元济按照盛宣怀的设想，在南洋公学增设特班。张元济曾在京师任职，是个很活跃的维新人士，戊戌政变被革职后，不久即到南洋公学工作，后接任公学总理。南洋公学特班的目的，实际上就是培养通晓时务、能与世界对接的当代英才，以备参加经济特科之选。

1901年8月29日，李叔同参加南洋公学特班的招生考试，以第12名的成绩被录取。从1901年9月13日特班开课，到第二年11月16日墨水瓶事件爆发，李叔同一直在南洋公学学习，总教习就是赫赫有名的教育家蔡元培先生。

蔡元培，浙江绍兴人，光绪年间进士。甲午战争后接触西学，大力倡办教育。在20世纪初年的上海教育界，他以爱国主义奔走号召，是一位颇有影响力的人物。

在南洋公学这一年，是李叔同从传统士子走向现代人文主义者的关键一年，无论是思想上还是行动上，李叔同都有了很大程度的提高。此后，李叔同还曾经参与沪学会与爱国学社的相关活动。

以1901年的情形而论，南洋公学特班的课程内容，可以说是一个比较完善的新知识体系。特班的功课以西学为主，分初级和高级，三年毕业。初级课程包括英语、算数、格致、化学，高级课程除格致、化学原理外，还要读地志、史学、政治、理财学等，另外还设了体操等课程，可谓与西方教育全面接轨。蔡元培还为学生开列了应读书目，涉及政治、法律、外交、财政、经济、教育、哲学、科学、文学等，门类十分齐全。由学生自选一门或两门。并采取由学生作札记，教师批阅的方式，每月末进行考试。李叔同曾在这一时期写有《论强国对弱国不守公法之关系》一文，正是1901年12月10日，蔡元培给特班学生外交门的课题。看来李叔同选学了外教课程，也从一个侧面反映出他广博的治学兴趣和对西方教育和知识广泛、深入的接纳程度。

李叔同在南洋公学特班的同学，均为20~30岁的人中之龙，思维活跃、学贯中西的李叔同在班级里的成绩并不像他后来的成就那么突出。1901年下半年，特班有一份前半年的成绩总评月课积分表。在总共35人中，最高100分，最低25分，李叔同以76.2分排在第13位。

南洋公学是上海交通大学的前身，成立于1896年。由当时洋务派设立的的轮船招商局、中国电报局督办盛宣怀于上海徐家汇创办。该校经费都是两局里有头有脸的人物所捐，故名为南洋公学。学校分设师范院、外院（附属小学）、中院（中学）、上院（大学），学生多习工艺、机器、矿冶、商务、铁路、船政等科目，是当时上海最重要的新学教育机构之一。

甲午战争爆发前，国内的新式教育还有很大的局限性，仅在清政府举办的部分洋务学堂和来华传教士举办的教会学堂里开设。甲午战争的彻底失败，让国内仁人志士激愤不已，维新思潮涌动，并达成共识：教育改良才是国家兴旺的根本大计。随后，书院改造、开办新学蔚然成风，南洋公学就是在这样的背景下成立的。

与科举变革相同步，读书人的观念也在发生变化。尤其是上海这样开风气之先的地区，更为明显。

与李叔同一起的特班同学，不少人后来成为社会知名人士，南阳公学堪称学界的黄埔军校。

李叔同在特班时的表现现在已无从考证，但 1957 年黄炎培的一段回忆性文字可为我们提供些许资料：

> 我和叔同是 1901、1902 年上海南洋公学——后来被改名为交通大学——特班同学。叔同名广平，原籍浙江平湖，出生于天津盐商的富有家庭。同学时他刚二十一二岁。书、画、篆刻、诗歌、音乐都有过人的天资和素养。南洋公学特班宿舍有一人一室的，有二人一室的。他独居一室，四壁都是书画，同学们很乐意和他亲近。特班同学很多不能说普通

> 话，大家喜爱叔同，因为他生长在北方，成立小组请他教普通话，我是其中的一人。他的风度一贯地很温和，很静穆。

从中我们不难发现，此时的李叔同不仅继承了之前旷达、慷慨的性格，艺术造诣更是深受同学的推崇和喜爱。

进步思潮

南洋公学并非纯洁的象牙塔。虽然维新派、改革派取得了一定的成绩，但并没有摆脱封建传统教育的羁绊。而且，教师对学生中不断迸发的新思想也多有不解，思想对立是常有的事。

一件事情的发生，就像多米诺骨牌一样，引发了南洋公学的大动荡。

1902 年 11 月 5 日，公学五班上课时，文科教习郭镇瀛发现教师座位上有一只洗净的墨水瓶，认为这是有学生故意找茬，影射他没有真才实学，便对此进行追查，五班学生没人承认。郭就恐吓坐在前排的学生，限他们三日内告发，否则加罪。有一学生诬告此瓶是伍正钧所放，于是通过校方开除了五班全体同学，这一专制武断的做法，引起了全校同学的强烈不满。虽然学生们与校长申辩、力争，却没有改变学校的决定。然而，学校低估了学生的能量，他们联合起来决定集体退学以示抗议。

这样一来，校方也感到十分为难，请出了受学生尊敬的蔡元培先生来调解。经蔡先生的耐心说服，学生方同意暂缓退学。蔡

李叔同书法

元培也答应学生会与校方沟通，然而却没有效果。学生收到蔡元培也碰了壁的消息，高呼“祖国万岁”的口号，井然有序地愤然走出了南洋公学。蔡元培先生素有进步思想，深知学生无错，见校方态度消极，随后也愤而辞职。为了不让学生没书读，蔡元培还带领学生到“中国教育会”寻求帮助，使退学学生得以继续学习。

南洋公学平时思想自由、学术氛围宽松，学生可以接触到各种新学书籍和新学刊物，这种知识结构的改变，被潜移默化地转移到思想上来，促使南洋公学成为一所洋溢着爱国精神的校园。这次退学风波是对封建专制、墨守成规的教育方式的一次打击。当时社会舆论包括《新民丛报》《苏报》等均表态支持学生正义的斗争。

李叔同也积极参与其中，他再一次接受了新思想的洗礼，也许正是此次事件，让他从此与传统教育决裂，走向更加进步和光明的人生。

李叔同虽然只在南洋公学一年多时间，但他日文、英文均可熟练沟通，甚至将《国际私法》从日文翻译成中文，也为以后留学日本打下了坚实基础。

李叔同所译《国际私法》的日文原稿是日本法学教师的授课笔记，由留日学生译书团体——译书汇编社于 1903 年出版。

退学后的李叔同更加积极地学习西方先进文化、接触西方艺术。第二年，他参加了黄炎培等组织的沪学会。1905 年，李叔同还慷慨激昂地为沪学会谱写气势磅礴、情绪高涨的《祖国歌》：“上下数千年，一脉延，文明莫与肩。纵横数万里，膏腴地，独享天然利。国是世界最古国，民是亚洲大国民……我将骑狮越昆仑，架鹤飞渡太平洋……”

《祖国歌》在沪学会的刊物发表后，即不胫而走，全国各地学校都采作教材，成为全国儿童和成人所喜爱的爱国歌曲。这首歌的旋律是纯粹的中国风格，富有中国的民族气息。丰子恺回忆说：“我的故乡石门湾，是一个很偏僻的小镇，我们的金先生也教我们唱这歌曲。我还记得，我们一大群小学生排队在街上游行，举着龙旗，吹喇叭，敲铜鼓，大家挺起喉咙唱着《祖国歌》和劝用国货歌曲。那时我还不认识李先生，也不知道这歌曲是谁作的。”可见，这一时期的李叔同有着积极的、进步的新思想。李叔同自己也说：“我从二十岁到二十六岁之间的五六年，是平生最幸福的时候。此后就是不断地悲哀与忧愁，一直到出家。”看来，这一时期是他最为怀念、最为得意的时期，也是塑造思想和性格的重要阶段。

文章惊海内

李叔同在天津期间，已经有了一定的新学基础。到达上海后，他被当地更浓厚的新学气息吸引，很快就融入上海的知识氛围中。从 1899 年开始，他以李成蹊之名，多次参加上海格致书院的课艺征答活动，并多次获奖。

成立于 1875 年的上海格致书院，由洋务学者徐寿及长期受聘于江南制造局的英国人傅兰雅倡建，是清末上海最重要的西学传播机构之一。格致书院聘请中西学者讲授格致之学，培养新学人才。1885年后，著名学者王韬担任书院山长，每年四季分别请地方大吏以格致题课士各一次。面向社会征集答卷，分别评定等级，予以奖劝。1889年起，春秋两季课题分别由南、北洋通商大臣拟定，是为特课。课题征答是格致书院推动西学传播的一个特别举措，其具体方式后来虽然有所变化，但作为一个传统，这一活动在20世纪初仍然得到了延续。

格致书院的课题以西学、时务为主。1899年夏季的课题为：

> 三十年来，吾华人崇尚各种西艺，近今更甚于前。有先学习其语言文字以为阶梯者，有专赖译成华文之书籍，以责考索者。
>
> 或谓日本仿效西法，已尽得其奥窍，如先学日文，以为学西艺者先路之导，则不啻事半功倍也。其说然否？试比较其迅速、利弊、得失之所在而详言之。

李叔同参加了这次征答活动。这次评课的结果，选出了超等16名、特等20名、一等28名，李叔同位列一等第22名。

此后，李叔同在1902年10月的策论征答中获第7名，当年12月的策论征答中获第2名。1903年是李叔同获奖次数最多的一年，4月的策论课题他获第19名，5月获第3名。6月的宁绍台道官课，也就是本年的夏季课题征答中获一等第42名。紧接着，在当年南洋大臣特课题中，李叔同位列超等第2名。10月课题获超等第1名。11月策论题获第3名。12月策论题获第3名。1904年，他在10月策论课题征答中获第5名，11月策论题获第18名。

在李叔同获奖的这些课题中，中学与西学的内容大致各占一半。从时间上看，他密集获得名次的1903年，恰是他在南洋公学特班学习的第二年。显然，在上海新学氛围的长期熏陶下，尤其是在南洋公学的学习经历，使李叔同对西学和中学有了更深入的探究，其知识与观念更新的程度以及所达到的水准，在上海青年文人中已属难得。

20世纪初年的知识界，处于新旧过渡的时代。依其言说与行为方式，知识人士多被归类于新旧不同之人群。对新学界也就是所谓学界志士而言，他们共享一个不同以往的知识与观念空间，并在其中构建起自己的人脉关系网络。这是属于他们的一个新世界。在这里，李叔同已经是一个独特的角色。所谓“新世界之杰士”，是1905年天津《大公报》送给李叔同的称呼，正符合这一时期李叔同的身份。

与20世纪初所谓的旧派士人相比，新知识人士表现出更为激切的爱国热情。面对江河日下的国家命运，新知识人士流露出深深的忧患意识。在1901年12月，李叔同按照蔡元培布置的课题完成的《论强国对弱国不守公法之关系》一文，就表达了这种情绪和观念：

> ……世界有公法，所以励人自强。断无弱小之国，可以赖公法以图存者。即有之，虽图存于一时，而终不能自立。其不为强有力之侵灭者，未之有也。故世界有公法，唯强有力者，得享其权利。于是强国对弱国，往往有不守公法之事出焉。论者惑之，莫不咎公法之不足恃而与强弱平等之理相背戾……

作为新知识群体的一员，李叔同已经能够从新角度对以往熟悉的事物进行再审视。他的文艺观念就是一个例证。20世纪初年的社会变革背景下，传统的文学艺术观念正在发生显著的变化。以往地位低下，或者被看作小道末技之流的音乐、戏剧、小说等，被看成开启民智的重要工具。对传统艺术有很深修养的李叔同，很快就接受了这种新的文艺观。1904年春，李叔同在为铄镂十一郎的《李苹香》作序时写道：

> 乐籍之进步与文明之发达，关系綦切。故考其文明之程度，观于乐籍可知也。时乎文化惨淡，民智呰窳，虽有乐籍，其势力弱，其进步迟。卑卑之伦，固鲜足齿。若文明发达之国，乐籍棋布，殆遍都邑。杂裙垂髫，目窕心与，游其间者，精神豁爽，体力活泼，开思想之灵窍，辟脑丝之智府。说者疑吾言乎？曷观欧洲之法兰西京师巴黎，乐籍之盛为全球冠，宜其民族沉溺于兹，无复高旷之思想矣。乃何以欧洲犹有“欲铸活脑力，当作巴黎游”之谚？兹说兹理，较然甚明，奚俟刺刺为耶？唯我文化未进，乐籍之名，魁儒勿道。上海一埠，号称繁荣，以视法之小邑，犹莫逮其万一，遑论巴黎！

在这篇序文中，李叔同把音乐与社会文明进步相联系，以“乐籍”的普及程度为衡量社会文明的标尺。在他看来，音乐可以振奋精神、增强身体、提升心智，巴黎为欧洲音乐最盛行的地方，也是最有创造力的地方。反观中国，音乐为正统大儒所不屑，即使最繁华的上海，甚至也不能与法国的小城相提并论。李

李叔同书法

叔同围绕音乐与文明进行的理解，表达的正是新知识界将艺术与社会改造联系在一起、以艺术承载启蒙责任的思想立场。就在李叔同写下这篇文章的同年 10 月，柳亚子等人在上海出版国内第一份专业的戏剧杂志《二十世纪大舞台》，其改编戏剧、组织梨园革命军、进行社会政治动员的宗旨，与李叔同在这里所表达的音乐观几乎如出一辙。

1905 年，李叔同参加了商务印书馆的一次征文。这次征文的题目是："我国各地交通不便，语言因以参差，今汽车汽船既未遍通，有何良策能使语言齐一欤？"他的征文后来被刊登在 1905 年 5 月出版的《东方杂志》第四期附录中。在这篇文字中，李叔同表示："语言歧异，为国之羞。""既靡合群之力，无复爱国之想，澌灭之原，实基于此。"世界交通日盛，语言终有"大同"之日。文中提出，为了中国语言"齐一"，应从蒙学开始设立官话学科，培养官话师资，编写官话教科书，勤加练习。

19 世纪末 20 世纪初，语言文字问题是知识界关注的一个重要话题。这一话题的出现，与现代民族意识在中国的初步兴起直接相关。文字改良、语言统一之类的主张，目的在于通过语言文字的"齐一"，促进中国人的"合群"意识，建立民族认同感和爱国精神。前述黄炎培在回忆南洋公学时期李叔同的文字中，提到大家成立小组请李叔同教普通话，不知是否就反映出这一思想背景？无论如何，李叔同参加这次征文活动，介入这一问题的讨论，表明他在观念上与其时新知识界是合拍的。文中对社会上学西语成风而不通国语现象的批评，也透露出这一时期李叔同的文化忧虑。

1905年，上海成为抵制美货运动的中心，这是20世纪初民族意识觉醒的一个重要象征性事件。革命潮流一波又一波地冲击着清政府的政治基础，中国正在进入一个风云变幻的时代。

离开南洋公学后，他曾在上海圣约翰大学教过一段时间的国文。这个学校是由美国基督教会1879年在上海创办的一家教育机构，原来的名字是圣约翰书院，1892年设立了大学部，1905年正式改称大学，是近代中国最著名的教会大学之一。李叔同在圣约翰大学的情形目前还不清楚，但在这里，说明他积极融入西方、学习西方的个人意愿很强烈，而且也有更多机会接触西学并进行深入研究。

不难想象，在风云激荡的社会背景下，风华正茂、“二十文章惊海内”、激情满怀的李叔同，经常参加一些团体的活动。

丧母之痛

李叔同在上海的这些顺风顺水，加上这里荟萃了中外新的知识与阅历，带给李叔同与众不同的新鲜感，使他对人生有了新的期许，以至于身心一直处于兴奋之中，难以自抑。

在上海的这几年，李叔同基本上是以一个风流倜傥、意气风发的青年文士形象出现在众人面前的。然而，年龄的增长，人生的尝试，也往往会使一个年轻人产生最初的惆怅，学会表达生命的感慨。在上海的这些年里，除了享受生活的快乐和愉悦外，这种情绪也时常浮上李叔同的心头，其中呈现的，则是一个青年贵族的心路历程。

1900年，李叔同在自己的作品《老少年曲》中写道：

> 梧桐树，西风黄叶飘，夕日疏林杪。花事匆匆，零落凭谁吊。朱颜镜里凋，白发悉边绕。一霎光阴底是催人老，有千金也难买韶华好。

词中隐隐透露出一种对时光的留恋和对不确定的未来的担心。另外，他奉母命南下，不仅与天津的李家拉开了空间上的距离，而且在一定程度上令情感更加洒脱，更是一种挣脱封建家庭束缚的积极行动的表现。

李叔同曾对自己的学生丰子恺说："我的母亲很多，我的母亲——生母很苦。"

母亲很多，可见自己的生母排位很低，虽然是亲生母亲，场面上也不得不依照长幼顺序来，这让接受了西方先进思想的李叔同十分尴尬，甚至极度厌恶，而又不得不照祖宗的规矩做，心中能不痛苦吗？李叔同后来表现出的忧郁愁苦的性格特征，恐怕也与此有关。

迁居上海不仅使李叔同有了新的生活，王氏也同样如此。王氏粗通文字，在城南草堂期间，与许夫人宋贞颇为投契，两人在一起论诗评画，十分惬意。这让颇有孝心的李叔同心情大好，常常说，这才是他一生中最快活的时光。

然而，时局之变，造就了一代文人的忧愤情绪。1898年李叔同离开天津后，义和团运动席卷山东、河北及京津地区，天津居于其中，是无论如何也无法避开的。1900年7月中旬，八国联军进犯天津，使这座城市陷入了一场空前的劫难。兄长李文熙无法顾及生意，带领族人到河南避难。在这一背景下，李叔同于 1901 年初曾返回天津，原准备到河南省亲，最终因时局原因未能实现。重游破败不堪、时局动荡的故乡，让李叔同颇多悲愤之感。回上海后，他写了《辛丑北征泪墨》，记录此行见闻：“游子无家，朔南驰逐。值兹离乱，弥多感哀。城郭人民，慨怆今昔。”除了文人士子的慨叹，更有对家国糟乱的愤懑和青年的一腔热血。

尤其他乘坐的船经过大沽口时，但见沿岸“残垒败灶，不堪极目”。其《夜泊塘沽》云：

杜宇声声归去好，天涯何处无芳草。
春来春去奈愁何，流光一霎催人老。
新鬼故鬼鸣喧哗，野火磷磷树影遮。
月似解人离别苦，清光减作一钩斜。

上岸后，时局不稳，连火车也没有赶上，只得暂寻旅馆安歇。郊区更是祸患的重灾区，一片残败景象“有新筑草舍三间，无门窗床几，人皆席地坐，杯茶盂馔，都叹缺如。强忍饥渴，兀坐长喟”。第二天乘车到天津城内，一路都是残垣断壁，更让他心绪不宁，见到旧时友人，“忽忽然如隔世”。愁绪更添了许多，正如诗中所云：

世界鱼龙混，天心何不平？
岂因时事感，偏作怒号声。
烛尽难寻梦，春寒况五更。
马嘶残月堕，笳鼓万军营。

此时的李叔同，甚至有些后悔自己读书太多，让自己的情绪

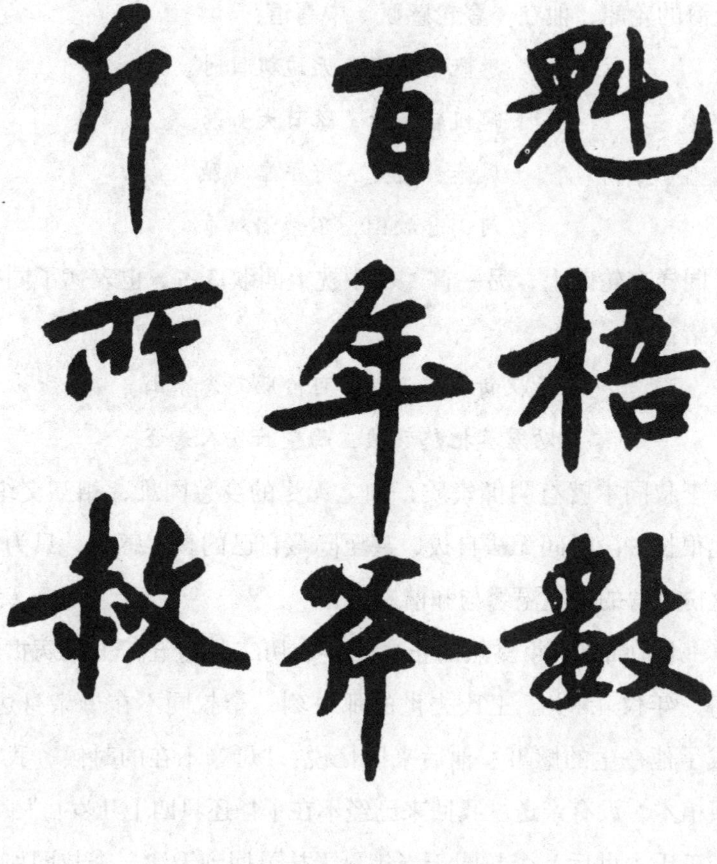

李叔同书法

过于受到外界的感染。总之，天津之行让他曾经的壮怀激烈破碎无疑，充满了对国家命运的绝望和愤懑。

在天津期间，李叔同一直无法从家国的剧烈动荡中抽离出来，心绪无法宁静，也无心去河南看望兄长，不久直接登上了返回上海的轮船，他在《登轮感赋》中写道：

感慨沧桑变，天边极目时。
晚帆轻似箭，落日大如箕。
风倦旌旗走，野平车马驰。
河山悲故国，不禁泪双垂。

同样在轮船上，另一首《轮中枕上闻歌口占》也表达了同样的愁绪：

子夜新声碧玉环，可怜肠断念家山。
劝君莫把愁颜破，西望长安人未还。

李叔同本就有阴郁气质，加上无尽的乡愁国难，相互交织，让他很长一段时间无法自拔，甚至隐藏自己的真实感受，只为守护这份难得的家庭温馨与和谐。

一切在1905年戛然而止，当年农历二月初五，王氏病亡于上海，年仅45岁。王氏去世的那一刻，李叔同不在母亲身边，这成了他一生的憾事。他后来回忆说："母亲不在的时候，我正在买棺木，没有亲送。我回来已经不在了！还只四十几岁！"

王氏去世后，李叔同于当年夏天扶灵回到天津。李叔同那时是新学的先锋人物，在处理母亲后事上，他大胆破除旧的葬礼，改用新式追悼会，亲写悼词并唱《挽歌》。当时的《大公报》连续报道，并刊登李叔同的哀歌，称其为"新世界之杰士"。

自从母亲逝世后，他越来越感到人生的悲哀和愁苦，以后就改名哀，字哀公。在城南草堂读书奉母的“最幸福”的五六年，就成了他永远的思慕。丧母后的他，也像灵魂脱离了身体，一片茫然无序，丝毫没有了叱咤上海的新青年形象。

前有维新变法血淋淋的失败教训，再有庚子赔款丧权辱国的条约，家国同悲的愁绪，如此种种，让李叔同心灰意懒。

在颓丧之际，李叔同看遍中国乱象，深觉启蒙才是真正的救国之路，唯有艺术才能开启民智。在人生的反思中，他选择了留学，去日本专攻美术，辅修音乐。

第三章　日本求学

东京学画

李叔同一到日本，立刻开始改变自己，首先就是把辫子剪了，转而改成西方最时髦的三七分，脱掉了长衫马褂，换上西装，穿上了尖头皮鞋。总之，外表和精神都焕然一新，十足的新派人士形象。

在日本，李叔同专攻美术，辅修音乐。在这里，他接触了西洋油画。西洋绘画艺术讲究写生（尤其是人体写生），认为那是绘画的根基；而西洋人物画名作，大都是以某一或某几个真实人物为原型的。最著名者，莫过于达·芬奇的《蒙娜丽莎》与其原型的关系。长期以来，成为画家和艺术史论家们追踪、探寻、研讨的热门话题。

李叔同是善于探索新事物的人，刚一接触油画，便毫不犹豫地、疯狂地喜欢上了，投入了极大的热情，甚至用油画做了一幅自画像，现藏于日本东京艺术大学。

李叔同留学日本，其实是当时中国非常流行的一种接触西方、学习西方的社会思潮的一个反映。当时很多中国有志之士都有留学日本的经历，包括鲁迅先生。留学欧美和留学日本，是清末留学生文化的两大重要现象。而清政府向日本派遣留学生，始于 1896 年，并立刻达到第一次高潮，又于 1905 年前后形成第二次高潮。李叔同就赶上了这第二次高潮。“为今之计，则莫如首就日本。文字同，其便一；地近，其便二；费省，其便三；有此三便，而又有当时维新之历史，足以东洋未来国之前鉴。故赀本一而利十者，莫游学日本若也”。（章宗祥《日本游学指南》）

日本明治维新带来的成功，深深震惊了当时的国人，而甲午海战的耻辱等政治因素，使得那个特殊的年代出现了“去日本学习西方文化”的特殊现象。中国开始了全面赴日留学的热潮。从政治、经济、思想、文化、艺术，不一而足，全面接受。在中国早期留学生历史中，李叔同是学习油画者的杰出代表。“1906 年，李岸（李叔同）、曾延年两人进入东京美术学校西洋画科学习（1911 年毕业）。进入东京美术学校学习的中国留学生，以前一年即 1905 年进入西洋画科的黄辅周为最早，但黄辅周中途退学，作为该校毕业生，李岸、曾延年是最早的中国留学生”。

1906 年 10 月 4 日，日本《国民新闻》曾有一篇相关的报道，标题为《清国人志于洋画》。这篇报道详细叙述了李叔同（当时名叫李哀、李岸）于 1906 年在日本留学生活的一个侧面。这篇报道记载了李叔同进入东京美术学校的时间为“（1906 年）九月二十九日”；李叔同留学期间，爱好广泛，尤其在艺术方面，更以油画为最。李叔同在东京美术学校就读过程中，其所受到日本

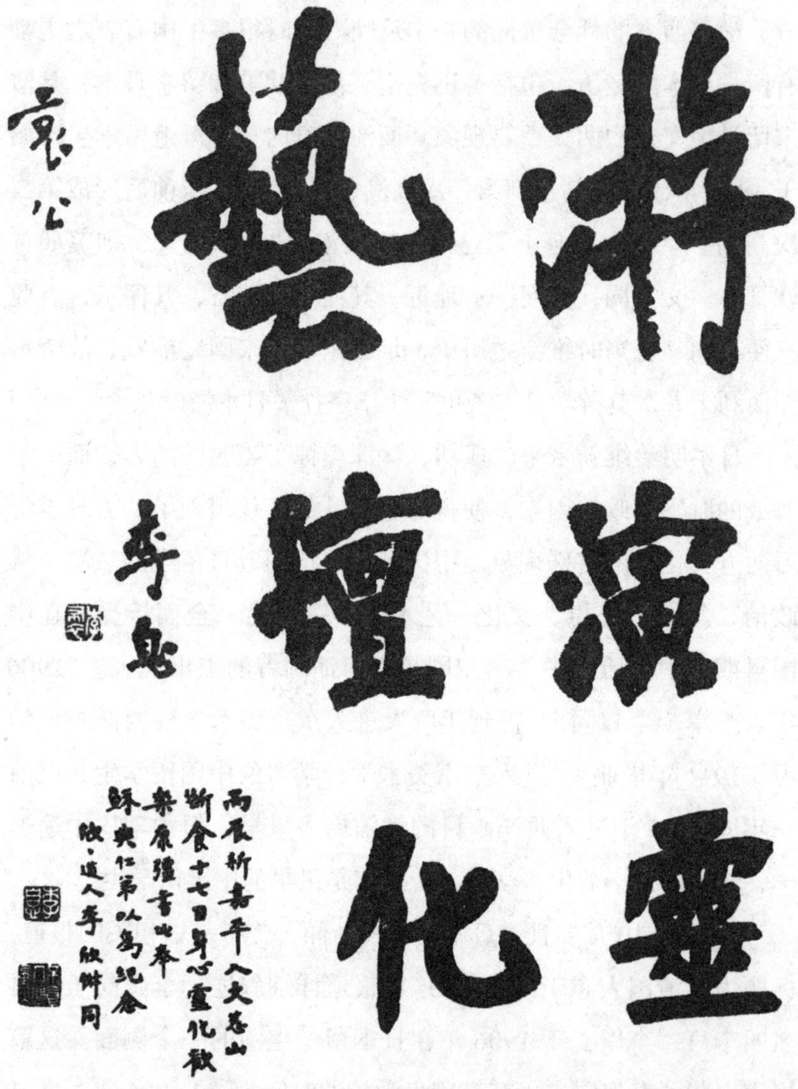

李叔同书法

画家的影响，“贴满在壁上的黑田（清辉）画伯的裸体画、美人画、山水画、中村及其他的画等”，从一个侧面反映了李叔同博采众长，不独取一家地吸收西方艺术；李叔同当时作“苹果的写生”的情形，“真是潇洒的笔致啊！”“早上刚刚一气画成的”，虽然是个人感受，也足见其深厚的艺术功底，在接纳西方艺术形式上，确实迅速而游刃有余。但是此文以“一位叫李哀（李叔同）的清国人考入美术学校，而且专学洋画”而作，自然是对一种社会现象的报道，却有着非同寻常的意义。“清国人志于洋画”，既表明日本在包含艺术方面已经全面领先，也表明国际社会开始关注此时中国社会的变化。

“上野的樱花烂漫的时节，望去确也像绯红的轻云，但花下也缺不了成群结队的‘清国留学生’的速成班，头顶上盘着大辫子，顶得学生帽的顶上高高耸起，形成一座富士山。也有解散辫子，盘得平的，除下帽来，油光可鉴，宛如小姑娘的发髻一般，还要将脖子扭几扭。实在标致极了。”鲁迅笔下的“清国留学生”为我们展现了一组当时在日本的中国留学生的形象生动的画面。

在1912年4月7日出版的《太平洋报》上，有这样一条消息：“吾国人留学日本入官立东京美术学校者，共八人。皆在西洋画科。曾延年、李岸（李叔同）二氏于去年四月毕业返国。此外，留东者有陈之驷、白常龄、汪□川（原文脱字，按即汪济川）、方明远、潘寿恒、雷毓湘诸氏。又有谈谊孙氏，于六月前曾入该校雕刻科，至二年级时因事返国。”确切地说，加上比上述9人更先进入东京美术学校的中国留学生黄辅周，在辛亥之前的清末入学该校学习的“清国人”，应为10人。而其中除谈谊孙为学习雕塑者，其余 9 人学习油画，李叔同位列其中，虽然不是第一个学油画的人，却是当时成绩突出者，引领了新风尚。

程淯著的《丙午日本游记》中提到：东京美术学校的“西洋画种之木炭画室，中有吾国学生二人，一名李岸（李叔同），一名曾延年。所画以人面模型遥列几上，诸生环绕分画其各面”。这从侧面反映了当时中国留学生在日本学习西洋画的情景之一。李叔同虽然并非最早赴海外学油画的中国人，但他却是最早将西方油画学引入并在浙一师做老师时用于教育，最先引入男裸模，将西方艺术本土化。因此，李叔同依然是清末民初中国西画界及美术教育界的重要人物。

目前，关于李叔同在日本留学时期最为引人注目的实物证据，就是收藏于东京艺术大学美术馆的李叔同油画《自画像》。画的右上角有画家“李”姓，以及“1911”的作画时间的签款，这是认定作者为李叔同的直接证据。作品人物中心构图，生动传神，色彩层次丰富，时至今日，仍能感受到作者娴熟的手法和高超的艺术表现力。这幅作品与《朝》《半裸女像》等油画作品风格一致，体现了李叔同留日时期在油画创作方面的艺术造诣和表现手法。

因为李叔同广泛的社会影响力，这些作品被各大机构珍藏，并有着重要而完备的展览和学术研究记录。《自画像》曾于 1999 年入选在日本举行的“近代东亚油画——其觉醒和发展”的展览，受到社会的广泛关注，也是中国近现代美术史研究的宝贵资料。

在李叔同留学的东京美术学校，集中了大部分中国艺术留学生，这里的油画专业由日本著名的西洋画家藤岛武二、冈田三郎助、和田英作、安井曾太郎、梅原龙三郎等主持。李叔同师从黑田清辉、中村胜治郎、长源孝太郎等人，学习油画和水彩，该校成立于1887年，1889年正式开学，位于东京上野公园，是当时日本顶级的美术学校。成立之初，主要讲授日本画和木雕，1896年成立了西画科，主持人就是黑田清辉。黑田留学法国10年，在日本颇有影响。

李叔同在学期间十分用功，黑田清辉对他的画很是赞赏。1910年，李叔同获得该校"精勤证书奖"。姜丹书后来评价说他的风格属于印象派："上人于西画，为印象派之作风，近看一塌糊涂，远看栩栩欲活，非有大天才真功力者不能也。"可见李叔同从黑田处学到了西画的精髓。在李叔同的同学中，有与他同台演出话剧的曾延年，稍后进入该校的还有后来岭南画派开山鼻祖高剑父等一大批名流。

作为东京美术学校毕业的李叔同，是中国留学生正规学习西洋绘画的先行者之一。他有着细腻而深入的艺术观察能力，通过实际对比和考察，认为"我国国画，发达尽早"，但是"秩序杂沓，教授鲜良法，浅学之士，靡自窥测"。必须认识到当时已经远落于西洋绘画的事实，因此李叔同倡导学习西洋绘画。1906年11月，李叔同与留日友人筹编《美术杂志》，后因日本文部省颁发《清国留学生取缔规则》，而引起风潮未遂，其间他写下的《水彩画法略说》《图画修得法》两篇文章是西洋绘画的启蒙文章。

图书收藏大家胡怀琛曾在著作《西洋画、西洋音乐及西洋戏剧之输入》中曾说，介绍西洋画到中国来的，有两个人比较早，一个是徐永清，1909 年就在徐家汇土山湾画馆绘画水彩画，也为有正书局及商务印书馆绘习画帖等，上海盛行的水彩画，可以说是徐永清开创的。还有一个是李叔同，他是 1905 年去日本留学的留学生，毕业于东京美术学校。在日本留学时的名字叫李岸，归国后改名李息、李叔同，又字息霜。他在日本习水彩画及油画，尤善作图案画。由此可见，李叔同不仅从文字上大声疾呼，还身体力行介绍西洋画到中国来。

醉心绘画艺术

李叔同到日本后，醉心艺术海洋，全力汲取新鲜艺术营养。其实，李叔同在国内就开始接触外国艺术，眼界和思想都比较开放，这些都对他在日本的生活和学习大有裨益。

1905 年秋，李叔同到达日本，没过几个月就已经对西洋美术有了深刻认识。一来，表明他如痴如狂的学习状态；二来，也足见其深厚而广泛的艺术底蕴和超凡的学习能力。李叔同到了日本，仿佛进入了一个全新的艺术领域，汲取着丰厚的营养。

甲午战争之后，怀有不同目的的日本人陆续来华，从商的、办报的、建学堂的，不一而足，为中国知识界带来了一次革新。李叔同留日之前，与这些日本人也多少有过接触，日本文化给他留下了很深的印象。1899 年末，李叔同写有《咏山茶花》一诗，为“格效东瀛诗体”之作。李叔同读完日本的作品后，再看创作的诗词，觉得自己的作品“如土饭尘羹矣”。这绝非精日，而是认清事实后的无奈感慨，也是中国当时全面落后的一个侧面反映。

在《辛丑北征泪墨》中，李叔同提到他与日本红十字会的上岗岩太“笔谈竟夕，极为契合。蒙勉以‘尽忠报国’等语，感愧殊甚”。种种颇多机缘的结交，让李叔同对日本、日本人，以及日本艺术，都有着深深的好感。

我们知道，在南洋公学就读期间，李叔同曾随蔡元培学习翻译日本著述，并有法律方面的译作问世。足见其早就对日本文化有着深入研究，日语水平也值得肯定。留学日本前一年，李叔同所作关于语言文字问题的征文中，李叔同引用近代日本语言渐趋统一为例证，来说明中国语文统一的重要性。

从 20 世纪初的情形看，留学日本是那时青年学子的选择。一是因为对日本学习西方成效的钦佩，想通过留日寻求救国救民的方法；二是由于中日文字相近，留学日本路近费省，条件便利。因此，在中、日政府和民间人士的鼓励下，清末留日演变成一场大规模的留学运动。在这一背景下，李叔同赴日攻读，也是自然而然的事情。不过，与一般留学生选择学习法政、教育等国内急需的科目不同，李叔同在东渡日本后，以西洋艺术作为主攻科目。这在清末的留日学生中，还是非常少见的。

综上可见，李叔同留学日本，既是跟随时代潮流，也是他提高自身艺术的追求。学习之余，他还全面参与日本的艺术活动，十分活跃。在 1905 年 12 月《醒狮》第 3 号上，他发表了几篇论述图画的文章，其中就有署名惜霜的《图画修得法》。文章详细叙述了图画的起源和重要性，还提到图画是表达思想感情的重要手段，一切感情无论多么复杂，只要表达手法运用得体和正确，都可以一一表达，足见他对艺术思想理解得很透彻。

李叔同把图画与语言相比较："语言者无形之图画，图画者无声之语言。"他认为图画关系于德育、智育、体育，其功效不可小觑。他在文中还提到："吾人见一画，必生一种特别之感情。若者严肃，若者滑稽，若者激烈，若者和蔼，若者高尚，若者潇洒，若者活泼，若者沉着，凡吾人感情所由发，即画之精神所由在。"总之，他的这篇文章被放到现在也是一篇质量上乘的艺术漫谈之大作。

另有一篇署名惜霜的，关于水彩画的文章《水彩画法说略》，分两章论述了"水彩画材料""水彩画之临本"。他还特别强调，欧美新教法是从写生入手，但国人如果照猫画虎，拿来主义，肯定不符合思维习惯。因此，李叔同建议先习临本，熟悉色彩的用法后，再写生的话，会比较容易上手。

还有一篇署名息霜的《美术界杂俎》，是一组介绍美术界动态的短文，类似于现在的文艺消息。其中有《世界名优亨利阿文格氏》，是关于阿文格去世的消息，对其生平略作介绍，其他有关日本作家、美术界活动、演出信息等也做了简要介绍。足见其对当时美术界动态的时刻关注，有一种"时不我待"的紧迫感。

李叔同诸艺皆通，根底深厚，在传统艺术各领域几乎都有相当的造诣。在日本期间，又对西洋美术做过充分研究，深刻地体会到西洋美术与传统绘画立意、技法与精神的区别。1910 年，李叔同在上海城东女学《女学生·艺术谈》发表过一系列论述美术的相关短文。如《科学与艺术之关系》《美术、工艺之界说》《关

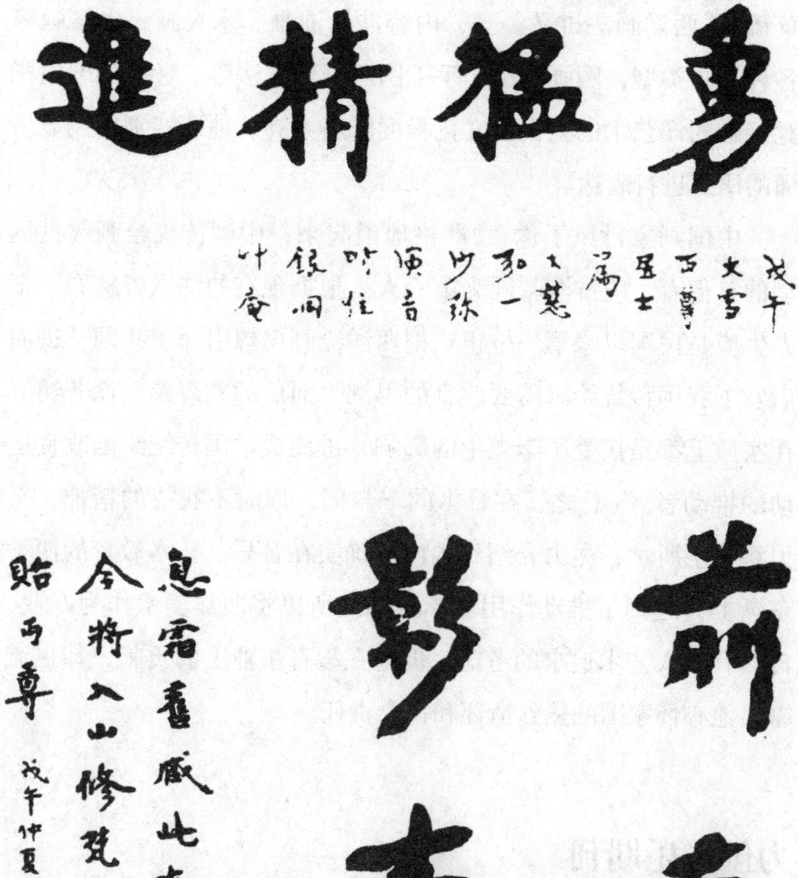

李叔同书法

于图画之研究》《中西画法之比较》《普通图画教育》《西洋画法草稿》《西洋画法讲义》等，内容涉及油画、木炭画、火烙画等各种图画类型，图画画法，手工图画制作方法等。考虑到国内毕竟接触西洋艺术的人少且文化程度普遍不高，他还特别用浅显易懂的语言进行表达。

中国画家吕凤子称：“严格地说起来，中国传统绘画改良运动的首倡者，应推李叔同为第一人。根据现有的许多资料看，李先生应是民国以来第一位正式把西洋绘画思想引介于我国，进而启发了我国传统绘画需要改良的思潮，而后的刘海粟、徐悲鸿等在实质上都是接受了李先生的影响，进而成中国传统绘酝改良运动的推动者。”总之，在日本的李叔同，以时不我待的精神，努力将平生所学，尽力介绍到国内，确实在音乐、艺术教育的西学东渐上，起到了推动作用。李叔同之所以将西洋美术作为专业，自然有个人艺术追求的考虑，但他在教育事业上的贡献，却也流露出他心怀家国的热烈情怀和社会责任。

力创音乐期刊

李叔同不仅学习西洋油画，还涉猎音乐，十分勤奋。其实，他很早就对西洋音乐有了兴趣，1904 年为《李苹香》一书作序，其中就已经表达了音乐救世的愿望。赴日前一年，他还为沪学会编写了《国学唱歌集》。留学日本过程中，李叔同做了一个对中国音乐有巨大贡献的事：编辑出版了中国近代第一份专门的音乐刊物《音乐小杂志》，并刊出了自己写的序。

由此可知，李叔同最初打算出版《美术杂志》，其中包括音乐的内容。但因为留日学界的反取缔规则运动（日本政府颁布条令对中国留学生进行限制，留学界起而抗争）。留学生因此激愤，其中就有陈天华跳海自尽、大批留学生归国、《美术杂志》搁浅。这才有了《音乐小杂志》的诞生。

20世纪初，在西方音乐文化输入的影响下，中国现代音乐开始蹒跚起步。与传统音乐相比，当时的新音乐在理念、技巧、风格、题材上都有了较大革新，紧紧与社会的风云变革相统一、融合，这深深影响了李叔同的音乐观与艺术观。

按照李叔同的计划，《音乐小杂志》要做成半年刊，春秋各一期，但事实上只有第一期问世。纵观李叔同的一生，有很多事都有些虎头蛇尾，这也许是他的性格使然，也许是社会环境所致，也可能与他广泛的兴趣、时常转移的兴趣点有关系。

这份只出了一期的64开、30页的杂志，有一幅木炭画、两张木版画，另有七篇文章、三首乐歌和五首诗词。另外，李叔同还特别绘制了一幅《乐圣比独芬像》，比独芬现译作贝多芬，并附有他亲自改编的《乐圣比独芬传》，可见贝多芬在李叔同心目中的位置。

除此之外，《昨非录》被李叔同认为是个人"忏悔作"。并通过反省，点醒国内音乐的通病，并热心提醒国人加以纠正。

从版块设置上看，《音乐小杂志》已经具备了现代杂志的模样和风采，足见其用心。并在封底特别刊出两个启事，内容一为《文坛公鉴》，内称："本社创办伊始，资本微弱，撰述乏人。故第一期材料简单，趣味缺乏。至为负疚。自第二期起，当竭力扩充，并广征文艺，匡我不逮。凡论说、杂着与新撰唱歌、诗词、谣曲等，倘蒙赐教，至为欣幸！（惟已登入报章或刊入书籍者毋再寄来。）他日登出后，当以李叔同氏水彩画、油画或美术、音乐书籍等奉酬。（寄稿限五月底为止）。”

这则启事，一来表明自己有心做杂志，奈何人力物力所限，难免有漏误之处，并表示以后会更加努力；同时注意版权保护（已在其他刊物发表的稿件不再接收），并付相应稿酬等，理念已相当成熟。

另一则《征求沈叔逵氏肖像》称：“沈氏为吾国乐界开幕第一人，久为海内所钦仰。今拟将沈氏肖像登入本杂志。如诸君有收藏此肖像者，请付邮寄下。他日登出者，赠水彩画一张，第二期杂志一册，日本唱歌一册。其他未登出者，亦各赠第二期杂志一册，日本唱歌一册。其肖像无论用否，他日必一律寄还。（期限至五月底为止）。”

这则启事所提到的沈叔逵是当时中国有名的教育家。1870 年生，上海人，原名庆鸿，字叔逵，笔名心工。1897 年春，考入南洋公学师范院。同年秋，公学开办外院（相当于高等小学），兼任教员，并参与编写教科书《蒙学课本》《笔算教科书》《物算教科书》《本国初中地理教科书》，是为中国自编中、小学新教材之始。1901 年，参与南洋公学下院（附属小学）的筹建并任教。1902 年 4 月东渡日本，就读于弘文学院，后又转入华人所办清华学校补习日文。这期间，他看到歌曲（当时称“乐歌”）在学校教育中的重要作用，于是在留学生中发起组织“音乐讲习会”，致力于歌曲的探索和创作。后来在国内一度脍炙人口的《男儿第一志气高》一歌，就是他当时在东京谱写的处女作，是中国近代音乐史上最早的歌曲作品之一。1903 年 2 月回国，仍执教于南洋公学附属小学。他提倡设唱歌课，并自制歌曲，自任音乐教师，很快得到社会，尤其是教育界的普遍赞誉，内地学堂、社团纷纷派人来沪求教，并竞相采用他谱写的歌曲。上海著名的务本女塾、龙门师范学堂、南洋中学及沪学会等学堂和团体，都邀请他执教音乐课，并主办乐歌讲习会。他一生创作了 180 首歌曲，题材广泛，内容丰富。李叔同特别发声明征集他的肖像，可见对他的尊重，以及他在国内音乐界的地位和被推崇程度。

搭建艺术桥梁

李叔同旅日 5 年多，成就斐然。《音乐小杂志》也许是因为经济的原因，或者是他的兴趣迅速转移的原因，无论如何，最终夭折了。那么，李叔同兴趣转移到什么上面了呢？最大的可能就是最为世人熟知的、与同学曾延年一起创立的中国最早的话剧社——春柳社。春柳社在日本迅速走红，曾因演出《茶花女》《黑奴吁天录》而享誉日本，开中国话剧之先河。

其实，早在少年时代，李叔同对演戏就怀有浓厚的兴趣，读书之余，常去戏园学戏。在南洋公学读书时，他也曾粉墨登场。后来，他在写作《祖国歌》时，沪学会正在演出新戏《文野婚姻》，李叔同为编剧，并赋诗一首：“誓度众生成佛果，为现歌台说法身。孟旃不作吾道绝，中原滚地皆胡尘。”（《沪学会〈文野婚姻〉新戏册撰成感赋》）这里面似乎有鲁迅的影子——以演戏唤醒民众，走文艺救国的道路。

抵达日本后的第一个冬天，李叔同在同学的陪伴下一起观看了川上音二郎夫妇演出的日本浪人戏，立刻兴趣大发，邀发起组建剧社表演新戏的冲动。在日本戏剧家藤泽浅二郎的支持下，他们发起成立了中国第一个话剧团“春柳社”，在日留学生唐肯、孙宗文、黄二南、谢抗白、李涛痕、吴我尊等人纷纷加盟。据说，春柳社在演出话剧《黑奴吁天录》时，鲁迅先生也曾到场观看，真假不论，足见其影响力。

1907 年的春节期间，春柳社在东京神田骏河台的中国留日学生青年会公演话剧《茶花女遗事》。该剧取材自法国作家小仲马的名著《茶花女》中，亚芒父亲来访和茶花女临终的两幕。由唐肯饰演亚芒，曾延年饰演亚芒父，李叔同则以“息霜”的名字反串女主角玛格丽特。

春柳社演出《茶花女》之所以世人皆知，流传于世，与李叔同扮演的茶花女所留的照片不无关系。存世的照片上，李叔同扮演的玛格丽特一袭白衣，束腰长裙，头戴波浪长发发套，十分时尚，表情认真而丰富，双手置于脑后，动作自然舒展，妩媚动人，略带一份东方的哀怨，十分经典。演出一炮打响，赢得了观众的热烈赞扬。演出刚落幕，日本戏剧家藤泽浅二郎和松居松翁便到后台向演员表示祝贺。事后，松居松翁更在《芝居》杂志上撰文盛誉：“中国的俳优，使我佩服的便是李叔同君。他在日本时，虽然只是一位留学生，但他组织的‘春柳社’剧团，在乐座上演《椿姬》(《茶花女》)一剧，实在非常好，不，与其说这个剧团好，勿宁说这位饰椿姬的李君演得非常好。化妆虽简单些，却完全是根据西洋风俗……尤其是李君的优美婉丽，决非日本的俳优所能比拟。我当时看过以后，顿时又回想到孟玛德小剧场所见裘菲列表演的椿姬，不觉感到十分兴奋，竟跑到后台和李君握手为礼了。”获得了戏剧界重要人物的首肯，自然十分难得，这让我们对李叔同的艺术天分更加佩服和认同。

多年以后，李叔同将自己两张扮演茶花女的剧照送给他在浙江第一师范学校的学生李鸿梁。李鸿梁回忆：“当时我几乎笑了出来，这样庄严的李先生，竟会装成那袅娜的西洋女子，其腰之细，真叫人吃惊，就是西洋女子，恐怕也要减食饿肚子以后才能束成这样的细腰呢。”

戏剧家徐半梅晚年回忆说，当时他正赶上亲自送未婚妻到日本留学，所以“第一次东渡，适逢其会，看到了这一出我国话剧界可以纪念的戏剧”。演出“不仅使东京留学界感到兴趣，连日本的优伶们，也有人来参观”。

而就在当时的台下，中国著名的戏剧家欧阳予倩受到了极大震动和鼓舞，极力要求入社，从此走上戏剧之路，开创出一番天地。他在《自我演戏以来》一书中回忆当时的场景：“这一回的表演可说是中国人演话剧最初的一次，我当时所受的刺激最深。我在北平时曾读过《茶花女》的译本，这戏虽然只演亚猛的父去访马克（玛格丽特）和马克临终的两幕，内容曲折，我非常的明白。当时我很惊奇，戏剧原来有这样一个办法！于是我很想接近那班演戏的人，我向人打听，才知道他们有个社，名叫春柳。我有一个四川同学和曾孝谷最接近，我便因他得识曾君，只见了一次面，我就入了春柳社。”他就这样认识了李叔同。欧阳予倩回忆说：“老实说，那时候对艺术有见解的只有息霜，他于中国词章很有根底，会画，会弹钢琴，字也写得好。他非常用功，除了他约定的时间以外，决不会客，在外面和朋友交际的事，从来没有。黑田清辉是他的先生，也很称赞他的画。他对于戏剧很热心，但对于文学却没有什么研究，我往往在画里找材料，很注重动作的姿势，他有好些头套和衣服，一个人在房里打扮起来照镜子，自己当模特儿供自己的研究，得了结果，就根据这结果，设法到舞台上去演。”欧阳予倩看来除了戏剧，并不认同李叔同的文章，哈哈！毕竟文无第一、武无第二，对他的这个结论，我们也可当作一段文坛佳话吧！

李叔同不仅有着传统艺术的天分，也同样重视新的艺术形式的宣传工作。1907年5月10日，天津《大公报》刊出了一份未署名的《春柳社文艺研究会简章》，内容如下：

> 本社以研究文艺为目的，凡词章、书画、音乐、戏曲等皆隶焉。本社每岁春秋开大会二次。或展览书画，或演奏乐剧，又定期刊行杂志，随时刊行小说脚本、绘叶书之类（办法另有专章）。
>
> 凡同志愿意入会研究文艺者为社员（应任之事务及按月应缴之会费，另有专章）。
>
> 其有赞成本社宗旨者，公推为名誉赞成员（无会员）。无论社员与名誉赞成员，凡本社所出之印刷物，皆于发行时呈赠一份，不取价资。

同日，天津的《大公报》还刊出了《春柳社演艺部专章》，这份专章首先称：“报章朝刊一言，夕成舆论。左右社会，为效迅矣。然与目不识丁者接，而用以穷。济其穷者，有演说，有图画，有幻灯（近时流行影戏之一种）。第演说之事迹，有声无形；图画之事迹，有形无声；兼兹二者，声应形成，社会靡然而向风，其唯演习欤！”

文章还提到，欧美日本已是文明国家，演员都受到极大重视和礼遇。中国戏剧却步履维艰，他还由此阐述设立自己专门的研究部门，以促进中国戏剧的进步和发展。

很明显，这些文章能够发表，自然是李叔同运作的结果。早年在天津期间，李叔同就表现出对戏剧的兴趣，这与天津浓厚的戏剧文化氛围分不开。正是这种对戏剧的兴趣，使他成为最早对西洋话剧产生兴趣的一小群国人中的一员。

对于西洋戏剧，李叔同做过认真的研究。丰子恺曾经回忆说，李叔同在南洋公学时，日文、英文都学得很好，在日本，特意购买过许多文艺图书认真学习。出家之前，曾将一套残缺的原本《莎士比亚全集》送给他，并说：“这书我从前细读过，有许多笔记在上面，虽然不全，也是纪念物。”可见李叔同对莎士比亚的戏剧，确实深有研究，并非一时之兴趣。

后来，春柳社还趁热演出了《黑奴吁天录》。这次演出同样盛况空前，剧场3000多座位全部坐满，一些观众站着看完演出。五幕分别是“解尔培之邸宅”“工厂纪念会”“生离与死别”“汤姆门前之月色”“雪崖之抗争”。台上演员沉浸于角色的喜怒哀乐，台下观众则被凄美的剧情深深感染。李叔同扮演的爱米柳夫

李叔同书法

人身着粉红色的西装，身形窈窕，举手投足活脱西洋贵妇模样。在第四幕“汤姆门前之月色”中，他逼真地扮演了一个醉汉的角色。

《黑奴吁天录》之后，李叔同和曾延年又合演独幕剧《天生相怜》。也许茶花女打开了李叔同男扮女装的表演天分宝库，在这幕剧中，他依然男扮女装，为了演出的真实性，他还特地参考西洋古画，专门做了一套演出服装。然而，成也萧何败也萧何，这次反响褒贬不一，就连春柳社内部，也有很大分歧。李叔同也许有着文人特有的自尊，觉得意兴阑珊起来，从此再也没有登过台。

春柳社成员并非专业演员，都是票友性质的留学生，能够取得这样的效果，自然已经超出他们的预料，非常成功。春柳社的成功，是李叔同一生戏剧活动中最高光的时刻，尽管只是昙花一现，但在中国话剧史上，李叔同却不经意间留下了浓墨重彩的一笔。

日本生活

对于当时的留学生来说，留日经历必定是一段不平凡的人生经历。从 1905 年秋到 1911 年 3 月，李叔同在日本学习、生活了 5 年多，这是李叔同早年人生一个重要的阶段，客观上决定了他之后的人生道路。李叔同在此期间的生活状态，还是值得探讨的。

早在明治三十九年十月四日（1906年11月19日），日本《国民新闻》发表了一篇采访李叔同的报道。从其中的一些细节，可见李叔同在日生活的点滴。当时李叔同住在下谷上三崎北町三十一番地。

《国民新闻》的记者闻讯前去采访。记者进门之后，从里屋出来一个女佣似的矮小妇人，“李先生在家吗？”听到记者一问，“从邻室飘然漫步出来一位身材有五尺六寸的魁梧大汉，后来知道这位就是李哀先生”。李叔同身穿和服，系一条黑纱的腰带，头上留着漂亮的三七分发型，俨然一副晚清绅士的打扮。记者这样描述李叔同的居住环境：“三叠大小的房间，是他的书斋。乐器、书架、椅子、茶几，掩蔽着四周墙壁，看来很是局促。”李叔同向记者介绍贴满墙壁的黑田清辉的裸体画、美人画、山水画，中村及其他画家的画等，还把记者引进里面六叠的房间，给他看刚刚画成的写生。记者称赞他的笔致潇洒，女佣从旁插了一句，“那是早上刚刚一气画成的”。“李君谦然地说‘是’，露出了一排白齿”。

这是一段相当细致的描写，可见当时的李叔同，居住条件相当优越，李家的财力还是有所遗留的。实际上，在众多留学生中，无论是生活条件还是艺术成就，他确实很有优势。

清末留学有公费、自费两种。1901年，早期留日的章宗祥曾编有《日本留学指南》，对留日一年所需费用做过核算。“以言费用，则多者二百多，少者百余金已足”。1917年，李叔同在浙江第一师范学校任教时，曾以薪水节余资助弟子刘质平在日本的学费，每月20元（当时李叔同月薪为105元）。在致刘质平的信中，李叔同称“中国留学生往往学费甚多，但日本学生每月有廿元已可敷用。不买书、买物、交际游览，可以省钱许多”。可见这一说法是有理论依据的。综合而言，一年200元当为最低程度，一般三四百元上下，就可以保证其学习和生活的需要。

官费生的标准，到1906年末始有统一规定。官费生学习普通学科，每人每年学费400元（日元）整；肄业官立高等专门学校者，每人每年学费450元（日元）整。官立大学者，每人每年学费500元（日元）整。可见，一般情况下，平均每名官费生每年费用介于450—550元间。实际费用也许略有出入，但相差不大。

自费生的情形则有很大差别，其中大多数应是上层官绅富商家庭出身——一般家庭也难以承受。据记载，在日留学生，尤其是自费生，大多抱着到了东京后，再申请官费的想法，可见官费有着相当的吸引力。例如，李叔同的学生刘质平，甚至为无法申请到官费常常发愁。

李叔同到底是以什么身份赴日学习的，目前尚不清楚。不过以他家的资产，应该并不在乎费用问题。而其在天津官场的影响力，弄到官费生资格，也不是什么难事，这点不必深究。

初到东京，留学生一般住在专为学生提供便宜食宿的旅馆（下宿屋）。周作人初到日本时，就寄宿在一处下宿屋，名为伏见馆，“房饭钱每月不出十元，中午和晚上两餐饭，早上两片面包加黄油，牛奶半磅，也就够了”。后来周作人等5人合租了一处房屋，每月租金35元，每人分摊7元，反而花费更多了一些。

综合这些情况，再对比李叔同独自租房住，似乎还雇了一个女佣，虽然艺术生需要的空间要大些，但也要有足够的经济支撑才可以做到。

在日留学期间，李叔同结识了韩亮侯。韩亮侯曾经说过一段这样的故事：有一天，他在日本的一个音乐会里，发现一个衣衫褴褛的人，他想这种资产阶级的西洋人的音乐会里，怎么会有这样一个人呢？这门票又怎么会给他买到的呢？后来等到散场时，相互招呼之后，这人还邀请韩亮侯到他寓所去坐坐，被好奇心所驱，韩亮侯就跟他走，不多一会儿，到了一所很讲究的洋房，那人住在二楼，一进房，韩亮侯吃了一惊，满壁都是图书，书架上摆着许多艺术意味的小玩意儿，屋角还有一架钢琴，一下子把韩亮侯弄糊涂了。后来，这人又换上笔挺的西装，邀请韩亮侯到外面去吃饭。当然，这里的主人公就是李叔同。

这里关于李叔同居处的描述，也可证明李叔同的经济状况超出一般留学生一大截。

丰子恺说，李叔同在日本时，“是彻头彻尾的一个留学生。我见过他当时的照片：高帽子、硬领、硬袖、燕尾服、史的克、尖头皮鞋，加之长身、高鼻，没有脚的眼镜架在鼻梁上，竟活像一个西洋人”。李叔同自己也承认，他在东京的生活，过得十分讲究适意，保留了贵族的生活态度和方式。不仅如此，他还积极尝试学习日式的生活方式，穿和服，早浴，用火钵。姜丹书还说李叔同有冷水擦身的习惯，这明显也是沿袭其在日本时的生活习惯。

作为富家子弟，李叔同不必为生计奔波，以家庭雄厚的财力支持自己惬意的留学生活。在春柳社演出时，他随意就能定制戏服，一般留学生想也不敢想。

享受生活，追求生活的品位，本就是贵族生活的日常追求。这种追求与财富和金钱有关，但并非全部取决于此。李叔同中后期的经济状况与青少年时期的生活有着天壤之别，但他仍然以一个精神贵族的品位要求自己，从来没有放松过。

李叔同生于优渥的官绅之家，自幼善于交际。在日本，他也自然不会封闭自己。在《国民新闻》记者的采访过程中，曾经与李叔同有过一段对话。李叔同在看到对方的名片后问："是淮南诗人的新闻社吗？""是的，淮南先生的诗也常刊登，您认识他吗？""是的，淮南、石埭、鸣鹤、种竹诸诗人，都是我的朋友，我最喜欢诗，一定投稿，请赐批评。"李叔同将这几位日本诗人称为朋友，可见他与这些人之间不是泛泛之交。有记载表明，李叔同很快就与日本有名的汉诗人森槐南、大久保湘南、永阪石埭、日下部鸣鹤、本田种竹等有了文学上的交往。1906 年 6 月，李叔同加入了由森槐南、大久保湘南等领导的日本诗歌社团——随鸥吟社。

李叔同与随鸥吟社的来往，应得益于严修、吴汝纶与随鸥吟社诸人的关系。随鸥吟社每月活动一次，并出版《随鸥集》。在《随鸥集》中，李叔同（或用李息霜、李哀等）曾刊登过不少诗作，也深受日本友人喜爱。在 1906 年 7 月的一次聚会中，李叔同写下了两首七绝。

其一：

苍茫独立欲无言，落日昏昏虎豹蹲。

剩却穷途两行泪，且来瀛海吊诗魂。

其二：

故国荒凉剧可哀，千年旧学半尘埃。

沉沉风雨鸡鸣夜，可有男儿奋袂来？

能够迅速融入留学所在国的圈子，确实需要一定的经济支撑，更重要的是不能过多参与政治，李叔同学的是美术、音乐，相对来说更好接触日本国人。但从诗中，我们能感受到李叔同忧国忧民的情怀。

除了随鸥吟社外，李叔同与曾延年、陈师曾还参加日本书画界的淡白会。该会“开会时，陈设会员作品，当筵挥毫，出品交换”。李叔同等人与会时，“日人当年乞书画者尤多”。足见他能够游走于日本艺术界，确实有着深厚的艺术功底。

从李叔同与日本戏剧界、汉诗界、书画界交往的情形不难看出，李叔同在日本的生活与社交范围非常广泛。

而在当时留学日本的人中，李叔同似乎有着不近人情的严肃印象。也许这与他严于律己的性格有关。及至后来出家，已是弘一大师的李叔同曾说，“弟子在家时，实是一个书呆子，未尝用意于世故人情”。

此外，李叔同还特别喜欢宠物猫，甚至少年时期的一封信上的署名就提到自己是天津一只猫。姜丹书也说，在东京留学时，他曾经往家里发过一个电报，问猫安否。当时电报还属于特别贵的奢侈品。这样的举动，对于普通人而言，确实令人匪夷所思。

至今有很强社会影响力的李叔同，自然是人们拿着放大镜观察的对象。不管怎样，李叔同在日本的生活，确实给世人留下了深刻的印象。

情感寄托

李叔同很有文艺天赋，到了日本后，不久即痴迷于西洋绘画，尤其是裸体画。西洋绘画注重写实，进行人体写实练习是一项必修的课程，然而寻找裸体绘画模特儿，成了李叔同在学习西洋绘画时最难解决的大问题，李叔同先是在学校里用男模特儿进行人体写生，但女模特儿的问题一直让他愁眉不展。

11月的日本，带着浓浓凉意的秋风席卷了日本东京的各个角落，一天，正在练习绘画的李叔同无意中发现了给他送饭的房东女儿。他暗自灵光一闪：这个女孩不正是自己寻觅已久的最佳模特儿人选吗？第一次见面，房东的女儿给他送小菜、米饭，这是最初的照顾。李叔同十分小心地提出邀请，让她当自己的女模特儿。这个要求让这位姑娘觉得十分突然，毕竟裸体被画在画上，即便是在新风已开的日本，也并不多见。因此，除了艺术学校外，在社会上仍然不被大众接受。

让李叔同没有想到的是，这位日本姑娘没让他心里忐忑太久，竟然答应了他的请求，理由是李叔同惊天的才华和诚恳的态度。从此，这位日本姑娘成了李叔同的专职模特儿，每当画作完成，李叔同都会让这位日本姑娘评价一番。随着交往的深入，二人发现了更多的共同爱好，又彼此真诚相待，两人开始跨越画家和模特儿的界限。

冬去春来，正是樱花烂漫的时节，经过几个月的交往后，李叔同第一次感受到了爱情的滋味，后来两个人开始同居。李叔同终于在距天津数千里之外的日本东京，感受到了家庭的小温馨，心情自然开朗而愉悦。

正所谓春风得意马蹄疾，他特地创作了《朝游不忍池》：“小桥独立了无语，瞥见林梢升曙曦。”诗中洋溢着一种朗润之情。从此湖边经常会出现李叔同和那位日本姑娘一起散步的身影。由于李叔同对家庭的感情是含蓄而内敛的，这是他一贯的性格。因此，关于这位日本姑娘的文字记载很少，甚至无法知晓她的姓名。我们只能在关于他的传说和传记里，隐约知道她的名字为雪子、诚子或叶子，但并没有根据。林子青在《弘一法师年谱》中记载，李叔同出家前，参加了一次为期 18 天的断食，并留有《断食日志》，其中有两处提到“福基”，第 11 日：“是晚感谢神恩，誓必皈依，致福基书。”第 12 日：“因寒不敢起床。十一时福基遣人送棉衣来，乃披衣起。”故推测“福基”是李叔同日籍夫人的真名，却也无法定论。

李叔同的结发妻子是俞氏，李家老保姆王妈妈称二人是“龙虎斗”的命相，可见他们夫妻关系并不和睦，甚至有些紧张。李叔同独自留学日本多年，很少回国探望，这也能反映一些事实。在日本《国民新闻》记者采写的《清国留学生志于洋画》一文中，李叔同向记者自称是独身，无论出于何种目的，李叔同此时并不愿意提及自己的婚姻生活。清末留日学界，中国学生与日本女子交往并产生爱情的事，并不鲜见。因此，当年过着贵族式的考究生活，且风度翩翩、才情横溢的李叔同，与一位异国女子互生情愫，也并不鲜见和让人惊讶。

在当时的中国，新风尚之风虽然已经兴起，但纳妾的风气尚在延续。因此，李叔同在国内已有妻子，再娶一位日本夫人也并不让人意外。

然而，此时的李叔同也许只是想找一个精神上的慰藉，并没有把她当作侧室看待。这一点，在其后来的行为中可见一斑：1911 年李叔同学成回国，将日籍夫人带回上海生活，他自己除了在天津有短暂的驻留，生活重心一直在沪杭。事实上，李叔同好像对婚姻一直不太看重，或者他有自己的考虑。总之，他与天津的俞氏也长期处于分居状态，恐怕日籍妻子只是他心灵的慰藉，却并没有名分。

这位日籍妻子虽然没有名分，李叔同也似乎有意无意地不想提起她，但毕竟有着事实上的婚姻。所以，李家后人也都承认和接纳了她，并称之为“日本奶奶”。李叔同之子李端在《家事琐记》中还有另一段叙述：“我还见过先父画的一张油画，是一位日本女人的头像，梳着高髻的大阪头，画面署名‘L’，四周有木框……现在推断，‘L’的署名当是‘李’字的拼音字头，画中的日本女人，也可能就是我父亲从日本带回上海的那位日籍夫人。”

近来，有研究者称，李叔同的日籍夫人育有一子一女。但至今没有现身，下落成谜。

生于 1930 年的李准之子李曾慈，是李叔同亲自赐名的嫡孙，据说也见过这位“日本奶奶”的画像。他说：“祖父的遗物中，给我印象最深的是两幅大小不同但又配对成套的油画。”前面李端提到的是一幅，另一幅较大，高约 233.3 厘米，宽约 166.7 厘

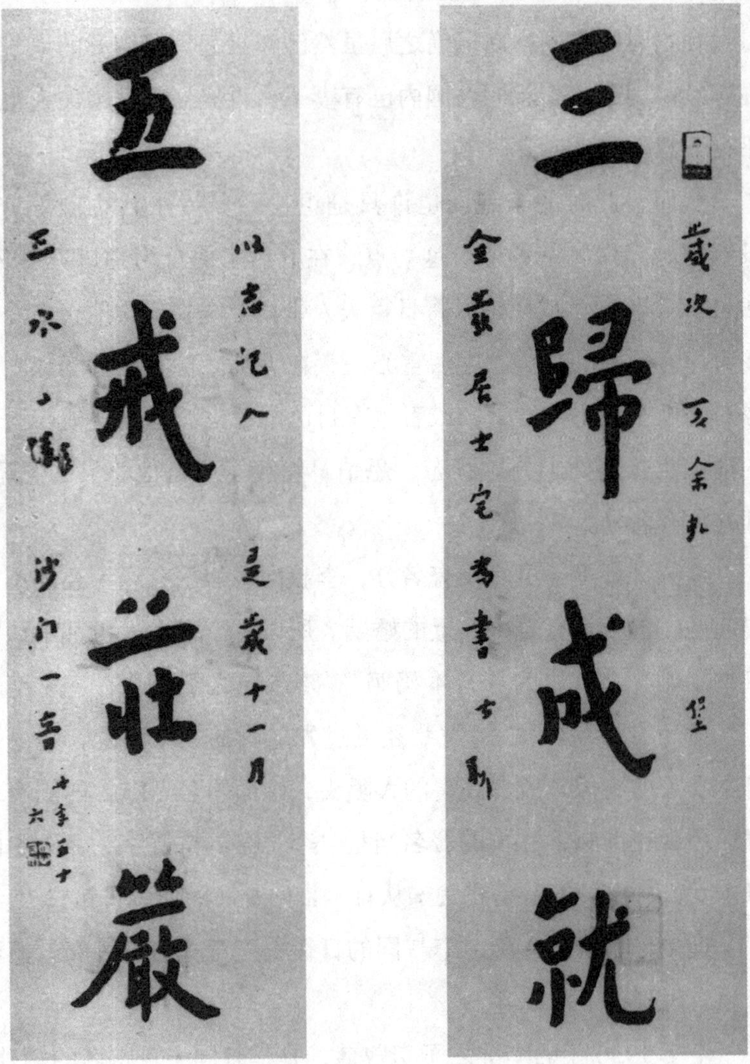

李叔同书法

米，分家时归李准名下。画面是一个游泳的女人身像。在蓝绿色的水中，一裸女两臂伸张，作向水上浮动状。头发很长，在水中漂浮，水中的形体略似模糊。画的右下角鉴有红油色的“Ii”两个英文字母。

李曾慈说，这两幅油画当时都挂在李叔同故居的书房里。因为当时家里挂裸体画十分罕见，各界还将这件“怪事”当作茶余饭后的谈资，口口相传多年。

这位日籍夫人的画像，想必是李叔同的得意之作，他在杭州浙一师任教时的弟子李鸿梁也在回忆录里提到过。他说，有一次替李先生收拾从上海带回杭州的一只箱子，发现很多张油画是同一模特儿的。后李叔同的好友夏丏尊先生告诉他，这是他的日籍师母。

李叔同为日籍夫人创作多幅油画，可佐证是因油画而结缘的浪漫姻缘。

这位日本女子随李叔同在上海的海伦路安家，李叔同经常带学生到家里做客，所以他的很多学生都曾见过这位日籍夫人。

姜丹书曾与李叔同共事于浙一师。他说，李叔同出家时，曾剪下自己几根胡须，包赠给日籍夫人。李叔同刚入佛门时，她曾在寺里悲伤痛哭十几天，最终也没有见到李叔同的面。另一位曾亲近弘一大师的高文显先生则记忆清晰，描绘详细：

> 但“道高一尺，魔高一丈”，法师的出家，却引起情魔来缠绕了。他的日本太太携着幼儿，从南京赶来，要来和他会面。但是铁石心肠的他，连会面

> 的因缘也拒绝她，她没有办法，只好再三地恳求，说他的爱儿也同来见他。可是他更表示坚持，吩咐通报的人，请对她说，把他当作害虎列拉病（霍乱）死了一样，一切家庭的事，从此不过问了。她知道他信仰宗教的热情，已迭于极点，只好带着爱儿北上天津，交给他的家属，然后自己凄然东归，以成就他的道业。（《弘一法师的生平》）

这里的记录与事实可能有出入，因为李家后人并没有见到过这个“爱儿”，时间久远，也许是记忆有误。

丰子恺是李叔同最为得意的弟子，关系非同一般。据丰子恺女儿回忆，李叔同的这位日本夫人没有生育。李叔同出家时，还专门托友人将其送回了日本。按照丰李二人的关系，我们理应采信这一说法，但因为丰子恺并没有提供更多的有力证据，所以这一说法也存疑。

这位日本夫人想必对李叔同十分钟情，李叔同出家后，一直不肯放弃，曾找到李叔同的多年好友杨白民倾诉：日本的和尚是容许有妻室的，为什么李先生要遣返她？经杨白民解释后，日本夫人便央求杨带她到杭州，再见李叔同一面。到杭州后，杨独自到虎跑寺向弘一提出此事，弘一推辞不掉，就相偕到湖滨一旅馆。杨先去散步，两人单独会面。据说弘一给了她一只手表为纪念。这位夫人原是学医的，弘一安慰她说：“你有技术，回日本去不会失业。”

会面毕，弘一乘船离去，头也不回一下，夫人失声痛哭，只得与杨一同返回上海，就此回日本去了。

总之，李叔同与这位日籍夫人在浓情蜜意生活 10 年之后，随着李叔同的出家而天各一方了。

第四章　回国执教

永别津门

1911年，李叔同从日本毕业后归国，这一时期，无论是对他和他的家族，还是国家而言，都即将经历一场命运的急剧变动。

回国后，他就应早年的金石之交、天津高等工业学堂校长周啸麟之聘，在天津任图画教员，后来又执教于直隶模范工业学堂。这短短不到一年的时间，是李叔同南下上海后，在故乡住的时间最长的一次，也是最后一次。第二年春天，李叔同就永远地离开了家乡天津，自此再也没有回去过。

这一时期的天津、武汉，乃至全国，都孕育着各种动荡不安的因素。

首先，全国金融业陷入混乱动荡，天津李家在全国各地经营的几处钱庄相继倒闭。百万家财尽失，几近破产。李叔同却是最后一个知道家境败落的人。

此时的李家，也如风雨飘摇中的中国一样，早已今不如昔。早在1900年，经过八国联军兵火的洗劫，天津盐商损失惨重。政府用钱的地方也增多了，赋税也连年增加，盐商要维持经营，不得不拿出更多的资金。正所谓大河有水，小河才满。此时的国家作为大河，已被列强榨干了，李家也难脱时代厄运，迅速败落。只是因为往年的积累较丰厚，还能勉强维持运转而已。据称，1902年，李文熙将父亲传下来的河南内黄引地出让，李家从此丧失盐商身份。但此时的李家毕竟家大业大，其名下的桐达钱铺仍是一家颇有地位的银号，李家的津门富绅角色，还能以桐达钱铺为依托，得到社会的认可。李家仅剩的钱铺业，也随着天津逐渐萧条的商业活动而日渐艰难。李家的老字号也出现在1903年底天津银号开列的各钱行欠单中，此后更是每况愈下。

1911年的辛亥革命是压垮桐达钱铺的最后一根稻草。这一年，桐达钱铺无法承受行业持续凋敝带来的打击而彻底歇业，意味着李家经济地位的彻底丧失。从此，曾经盛极一时的李家也正式踏入破落贵族的行列。相信，家庭的这一巨大变故，伴随着国家的日渐破败飘摇，是李叔同后期出家不可忽视的原因之一。

李叔同回国之际，正是天津的钱铺纷纷倒闭、李家即将走向衰亡的转折时期。1911年，“天涯五友”之一的袁希濂任职天津，曾多次到过李家，目睹了李家经济上衰败的过程。

欧阳予倩曾说，李叔同对家族的巨变似乎毫不在意，也从不跟别人提起。可见他对此要么独自默默承受，要么真的洒脱，我宁愿相信后者。因为李叔同长年混迹于文学圈子，与其往来的风流名士颇多；加上对时代新风气的沾染，使他成为具有强烈趋新意愿的时代先锋。一度放荡不羁的生活，实则背离了盐商李家以

《论语·乡党》为准则的行为方式，在精神气质上与李家先辈及其他人已有天壤之别。

李叔同天资聪颖，骨子里还是有一股傲气的，难免会形成特立独行的性格，以作文写诗而论，李叔同早期曾说过："世人每好作感时诗文，余雅不喜此事。"可见其我行我素的个性。

另外，李叔同与兄长李文熙的关系，似乎也并不好。李叔同是庶出，他和母亲王氏并不被因循守旧的李文熙重视。就连李叔同回乡葬母，二人也观念分歧很大，但开阔了视野、接受了新思想的李叔同还是按照自己的意愿行事，兄弟二人矛盾、嫌隙肯定会更大。因此，李叔同对家庭的感情，恐怕也没有那么炽烈，家族有什么变故，对他而言，自然没有特别大的情感上的起伏。

另外，李叔同从富贵优渥的天津少年，到风流儒雅、感情充沛的上海滩文人，再到游学日本的进步青年；从浸淫传统书法诗词篆刻，以票友身份登台演出，到涉猎西洋艺术，学习油画，在东京创办话剧社。李叔同的生活轨迹，早已脱离了传统绅商的思维，这与周旋于官商之间、话题不离金钱的李文熙主持的盐商家族相比，已经是另一种状态。所谓道不同不相为谋，不同人生履历酝酿的不同情感，使李叔同与家族的疏离，已经不是兄弟关系是否相得所能左右。维系兄弟二人之间感情的，仅剩下一点儿血脉和家族名声而已。

这一年对李家是多事之秋，对风雨飘摇的清王朝更是如此。1911 年 10 月，武昌起义爆发，短短几个月的时间，清政府的统治秩序土崩瓦解。

与家族的衰败带来的些许烦恼相比，新政权的出现，却让李叔同更加欢欣鼓舞，与20世纪初的进步青年一样，李叔同一直处在一种激情澎湃的情绪中。这一年，他曾激昂填词《满江红·民国肇造》一首：

皎皎昆仑，山顶月，有人长啸。看囊底、宝刀如雪，恩仇多少！双手裂开鼷鼠胆，寸金铸出民权脑。算此生，不负是男儿，头颅好。

荆轲墓，咸阳道；聂政死，尸骸暴。尽大江东去，余情还绕。魂魄化成精卫鸟，血花溅作红心草。看从今，一担好河山，英雄造。

共和政权的建立，确实让李叔同充满了澎湃的激情。他知道，天津已经不适合多留，要到新思想、新潮流的最前沿上海去，才能找到更加有意义的人生。于是，他毫不犹豫地离开了暮气沉沉的天津，奔向了朝气蓬勃的上海。

引领报业时尚

1912年早春，李叔同再次来到上海，任职于城东女学，教授国文、音乐。此时的上海正被新时代的来临激荡着，气象为之一新。

李叔同在上海早就打下了才华出众的良好基础，由于他名声太大，在城东女学工作刚一个多月，就被当时上海的沪军都督陈其美创办的《太平洋报》聘为主笔，兼主管文艺副刊及广告。

上海作为接受新知识、新风尚的前沿，早在清末就是中国新闻出版业的重要基地。中华民国成立后，更是全国最发达的信息舆论场。李叔同加盟《太平洋报》，可谓蛟龙入海，充分施展了自己全方位的才华。他思维敏捷，精力充沛，笔墨文字更是流畅而精准，深受各界广大读者欢迎。

此外，李叔同也以佛学大师、传统诗书画印集大成者的面目示人。其实，他还是中国广告艺术的开拓者与奠基人，由他设计的《太平洋报》被称为“破天荒最新式之广告”“上海报界四十余年所未见，中国开辟以来四千余年所未见”，李叔同的广告实践不仅对于改变当时上海呆板的报刊版面产生了影响，并且改变了国人对于广告的历史偏见，给予广告学相应的学科地位；同时，他还推动了中国新闻漫画的发展。

他充分发挥了自己善于绘画的专长，对旧式的枯燥无味、毫无生气的广告图案进行了大刀阔斧的改革，运用生动形象、活泼多变的漫画式表现手法来发布广告，从而使中国报纸广告形式面目一新。

留洋归国的李叔同，在上海开启了他第二段人生。所谓时势造英雄，他正好邂逅并投身于这样一个伟大的变革时代，从而使他平生所学得以淋漓尽致地发挥，无论是在文化建树、艺术创造上，还是在人生履历和社会影响上，都达到了一个新的高度，为中国近代文化艺术史做出了卓越的贡献。

就连后来成为文学泰斗的鲁迅先生，当年在得到李叔同的书法后，兴奋地说：“朴拙圆满，浑若天成。得李师手书。幸甚！”

李叔同在任职《太平洋报》期间，与柳亚子创办了一个文美会。他也趁工作之便，时常在《太平洋报》发文美会的消息。4

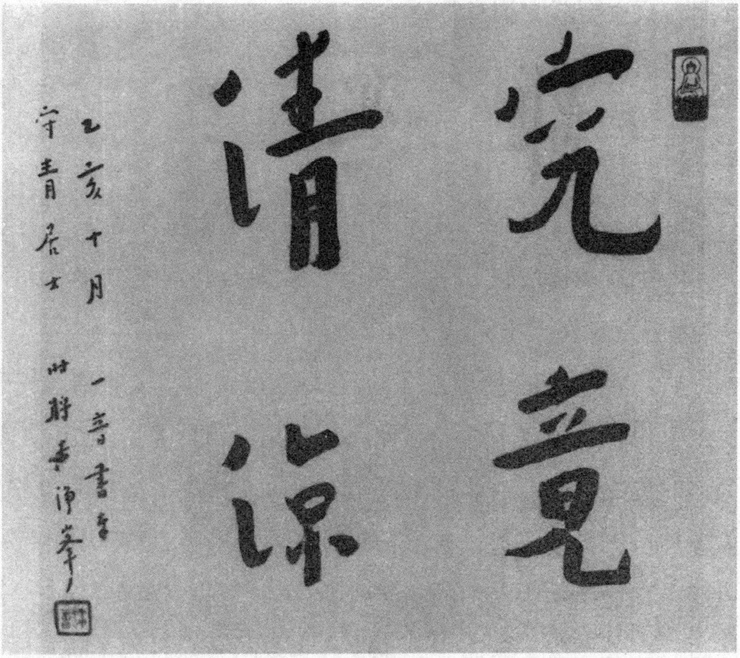

李叔同书法

月1日，文美会成立消息称：

> 叶楚伧、柳亚庐、朱少屏、曾孝谷、李叔同诸氏同发起文美会，以研究文学美术为目的。凡品学两优、得会员介绍者，即可入会。每月雅集一次，展览会员自作诗文美术作品，传观《文美》杂志，联句，各家演讲，当筵挥毫，展览品拈阄交换等。事务所设在太平洋报社楼上编辑部内。

广告一经刊登，就引起了广泛关注和兴趣，入会者十分踊跃。5月14日，文美会举行了第一次雅集，与会者达到20多人，皆为当时俊杰，赫赫有名的书画金石大家李梅庵、吴昌硕也作为客人参加。雅集上还提供作品拍卖，李叔同别具一格，挂出了一幅以莎士比亚诗作为内容的书法作品，“以篆法书英字”，十分引人注目。在《文美》杂志中，也收有李叔同一幅名为《昐》的画作，“以洋画笔墨写优美之境，实为吾国画界之创格”。

《太平洋报》广告栏由李叔同负责，十分具有特色。广告与新闻同版，文字简明，注重图画，形式多样，且时常更换，以引起读者的注意。《太平洋报》曾连载《广告丛谈》一文，署名“凡民”，即是李叔同笔名。文中指出广告实为商业战略，对广告定义、广告种类、广告方法、广告能否成为专学等问题都进行了详细论述。当时国内的广告研究尚在起步阶段，李叔同的这篇《广告丛谈》是否是第一篇研究专文，不易断定，但至少是国内较早论述广告知识和理念的一篇文章，值得研究近代广告史的学者注意。

由于李叔同在广告形式和内容上的创新，《太平洋报》的广告量十分可观，“连日收到各界广告多至数百通”“属登广告者日必数十起，呈报界未有之盛况”，以至于广告部时常因为无法及时刊登广告而致歉。

同时，李叔同还以饱满的激情，创作了大量广告画，这些广告画形象生动，融入了中国的民族特色，还兼具很强的趣味性。《太平洋报》广告开一时之风气，引领了广告业的发展方向。

对李叔同而言，《太平洋报》就是他施展个人才华的最好的舞台，他沉浸在这个人生最丰富、最惬意的舞台上，肆意挥洒着自己的智慧和才华，演绎出人生最精彩的华章。

他在《太平洋报》的副刊上，还连载发表了《西洋画法》一文，详细向当时的中国介绍了西方绘画的艺术特点和绘画技巧。文章分序言、总论、分论等部分，对西洋画的概念、基本特点及学习门径等进行说明，并就木炭画、水彩画、油画等进行分章介绍。洋洋洒洒，不一而足。这也是李叔同早年在国内传播西洋艺术的重要记载。

同时，因为他当时从日本回国不久，在日本也有深厚的关系，所以还在《太平洋报》发表一些日本文艺消息，介绍过中国留学生在日本学习西画的情况，以及日本美术界的发展状况。开阔了国内艺术界的国际视野。

在《太平洋报》工作期间，李叔同独自住在报馆楼上的一间小屋，睡觉、看书、编稿都在这里，平常大部分时间都是把自己关在里面，很少外出。

时任《太平洋报》编辑的姚鹤雏对此印象深刻。后来他回忆说：“……图书环列，往往沉酣咀嗫，致忘旦暮。”

李叔同曾经用隶书书写英文《莎翁墓志》刊印在《太平洋报》的随刊画报上。英文原文为：

Good friend, for Jesus's sake forbeare,

To dig the dust enclosed here.

Blessed be the man that spares these stones,

And cursed be he that moves my bones.

李叔同译文如下：

君亦顾谩，

天之明命，

毋伤吾骨。

有保吾之墓者，

吾必佑之，

有移吾之骨者，

吾必殛之！

这是李叔同在日本读莎士比亚的作品时所译，目前通行的莎翁墓志铭译文是：

看在上帝的面上，

请不要乱动我的坟墓。

妄动者将受到诅咒，

保护者将得到祝福。

莎士比亚是西洋戏剧的重要开创者，李叔同研读他的作品，自然符合他新派年轻人的做法，但以中文隶书笔法写英文的莎士比亚墓志铭，似乎是李叔同作为精神贵族，与莎翁穿越时空的一场对话。

《太平洋报》在上海一时影响无两，引领了办报新时尚，但终究抵不过经营困难，于1912年秋季停办。

李叔同心中虽然非常遗憾和不舍，但他这一年的功绩，将永远被后世铭记。像他这样有经天纬地之才的大家，是永远都不会为工作发愁的，桂花飘香时节，他接到了浙江两级师范学堂（后改为浙江第一师范学校）的聘书，李叔同应好友经亨颐之邀，欣然回归曾经的本行，赴杭州任浙江省立两级师范学校图画、音乐教师。

南下杭州

浙江两级师范学堂，是清末一所重要的官立师范教育机构，1908年正式开学。当时清政府推行新政，全国各地兴起一片兴办新式学堂的热潮。学堂增多，师资力量自然相对短缺，为了解决师资问题，仿照日本教育体制，一批师范学堂得以成立，该校就是其中之一。

辛亥革命后，该校改为浙江省直，1913年改名浙江第一师范学校，是当时浙江乃至全国的师范教育的重点学校。

学校有着辉煌的建校史，曾云集了一大批优秀的、颇具社会影响力的教师，早期的沈钧儒、沈尹默、张宗祥、鲁迅、马叙伦等，以及后来的朱自清、刘大白、俞平伯、陈望道、叶圣陶等文化界名人，都曾在该校任教。

李叔同是应该校校长经亨颐之邀来到杭州的。经亨颐，字子

渊，浙江上虞人，比李叔同大3岁。也曾留学日本，学习师范，回国后参与该校筹建，曾任浙江两级师范学堂教务长，1913年学校更名后担任校长，同时也是浙江省教育会的会长。

经亨颐与李叔同有着共同的兴趣爱好，金石、诗词、书法丹青均有所涉猎，有着先进的教学理念。他的办学思想是德、智、体、美、社交，五育并臻，注重学生个性培养和人格培养。曹聚仁曾在浙一师就读，他回忆说，他在一师读书时，“每一年级，每一班组，每一星期，总有一小时‘修养’课程由经师自己来讲授；这是他和我们接触的机会。他所谓‘修身’，并不是‘独善其身’的‘自了汉’，而是要陶养成一个对社会有贡献的‘公民’。他所提倡的教育目标是人格教育，和当时上海江苏教育会派黄任之先生等所提倡的‘职业教育’正相反。他要我们个个都是健全的公民：他也用了刘劭《人物志》所说的‘淡’字来说明人生的极则，是一碗清水；一碗清水，才可以作种种应用。职业教育，乃是有了味的水；无论什么味的水，都是有了局限性。他所聘请的教师，学问品行方面，对学生们的影响非常之大，他所标立的教育方针，也颇利于学生个性的发展”。这段言辞虽然是个人所见、所想，但教学之风气，足可窥见一斑。

现在看来，经亨颐在浙一师所提倡的教育风格，有些培养贵族素养的意味。当然与现在的贵族学校有天壤之别，这里没有豪奢的校园，却将贵族的精髓深深植根其中。此时的浙一师从道德修养入手、从人格入手、从独立自主的思想和精神入手，加上高雅的人生情趣的培养，处处洋溢着一种典雅而不失朝气的贵族品质。

对于曾经的贵族和略有精神洁癖的李叔同来说，在这里任教，他的精神上是放松的、自由的、毫无紧张感的。各地新学堂成立后，鱼龙混杂，虽然风气使然，不得不开设艺术、体操之类，但真正贯彻执行的少，大多以此为幌子，招揽生意罢了。经亨颐倡导的教育方针十分难能可贵，也符合李叔同本身的性格和艺术趣味，这可能是李叔同能够长时间在这里任教的原因。

此时的浙江第一师范学校，拟开设图画手工专修科，邀请李叔同担任图画和音乐教员，李叔同于是到了杭州。从这个秋季学期开始，直到出家前，他都在此以平生所学栽培桃李。

李叔同当时接受聘任时曾经提出一个条件，就是必须让学生人手一架风琴。经亨颐虽然经费紧张，却二话不说到处化缘，凑齐了四五十架风琴，才满足了李叔同的要求。从此事中可见浙一师对艺术教育的重视，也反映出李叔同对教育的执着和深入人心，令人尊重。

尽管如此，李叔同对杭州这一份教职，也并非处处满意——人生不满意之事常常十之八九，能随人愿的仅有一二而已，这也难免。李叔同在浙一师的学生吴梦非曾说，有一年的暑假，他在西湖消夏避暑，李叔同忽然来访，并邀请他一同出游。泛舟湖上，李叔同对他说过这样的话："我在日本研究艺术时，决想不到自己会回国来做一个艺术教师！"言下之意，任教并非他的本意，只是一份糊口的营生罢了。后来吴梦非在上海看到一份日本报纸《每日新闻》，上面记载了一段关于李叔同的消息，大意是，中国第一批留学东京美术学校的毕业生李叔同，回国以后，怀才莫展，而郑曼陀之流，专描美人月份牌。收入惊人……看来，这

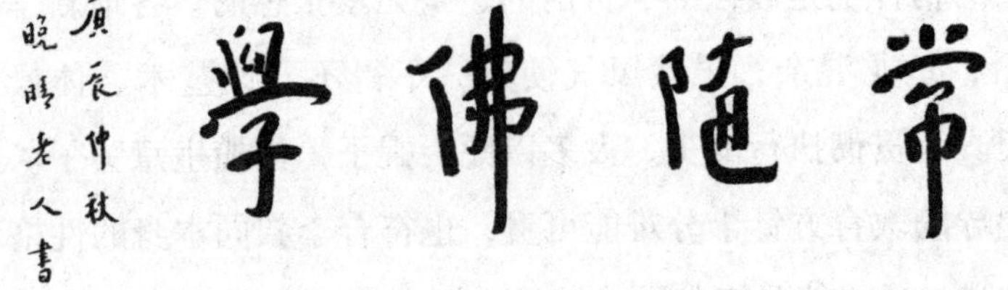
常隨佛學
庚辰仲秋
晚晴老人書

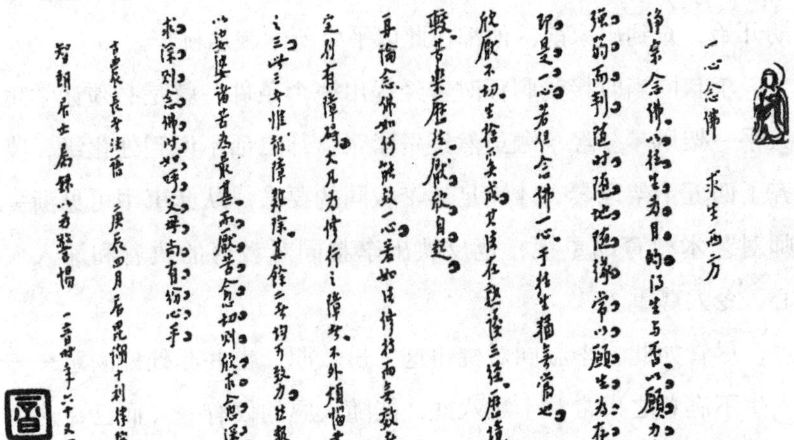
一心念佛　求生西方
淨宗念佛，以往生為目的。往生與否，以願力之
強弱而判。隨時隨地隨緣，常以願生為念，
即是一心。若但念佛一心，於往生猶無當也。
欣厭不切，生捨不成。其法在熟讀三經，歷境比
較苦樂，厭往厭欣自起。
再論念佛如何能致一心，若如法修持而無效者，必
定別有障礙。大凡為修行之障者，不外煩惱、業、報
之三。此三者唯報障難除，其餘二者均可致力。於報障
以娑婆諸苦為最甚，而厭苦念切，則欣求念深。欣
求深則念佛時如呼父母，尚有雜心乎。
古農長者法席　庚辰四月居晃湖十刹律院
智朗居士寫錄以為警惕　一音時年六十又一

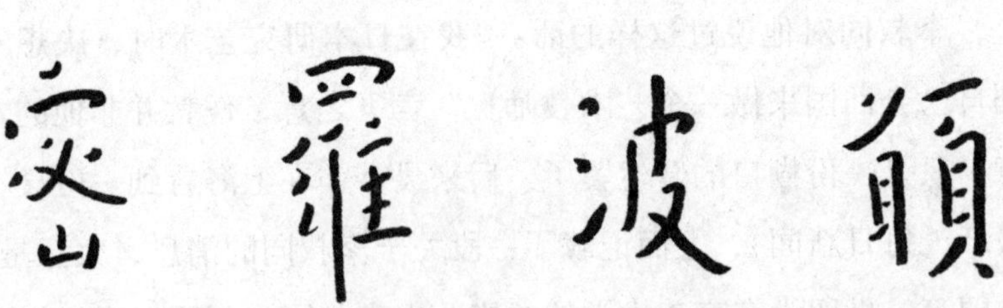
頓波羅蜜
山

李叔同书法

一时期李叔同因为人生际遇的变化，以及心理落差较大，心情似乎并不愉快。

1913 年，在给“天涯五友”之一许幻园的信中，李叔同写到：“幻园谱兄：承惠金至感。写件本当报命，奈弟近来大窘困，凡有写件，拟一律取润，乞转前途为幸。木印共十二颗，初六日刻好送下，至祷！弟息顿首！”

从中可知，此时李叔同在经济上陷于困顿，因为许幻园曾接济过他。他还要收取求字的润笔费，有些歉意。毕竟家道中落给他带来了不小的冲击，此时李叔同的经济状况已经非常紧张，或许这才是他时常抱怨的原因。

不过，在李叔同的得意弟子丰子恺看来，“社会对他（指李叔同）的待遇，一般地看来也算不得薄”。总体而言，在浙一师的这几年，李叔同的境遇应该说是不错的。他是一个开风气的人物，在开设的美术课程中，有石膏素描、速写、水彩、油画等内容，都是西画系统。石膏模型从日本购进，许多西画材料也要从国外买回。他组织学生到西湖写生，当时也很少见，警察往往误以为是私自测绘地图，时有干涉。至于音乐教育，按照他的要求，学校将风琴布置在礼堂四周、自修室、走廊等处。曾在西湖的西泠印社，举办过一次没有听众的音乐会，虽然没有客人，但气氛严肃，秩序井然。在李叔同的主持下，浙一师的艺术教育充满了贵族式的严肃而又生动的气息。

1913 年，李叔同以浙江两级师范学校校友会的名义，编了一期《白阳》杂志，李叔同为杂志写了创刊词：

技进于道，文以立言。悟灵感物，含思倾妍。

水流无影，华落如烟。掇拾群芳，商量一编。维癸丑之莫春，是为白阳诞生之年。

在这份刊物上，有李叔同介绍西洋文艺的作品。其中《西洋乐器种类概说》（不全）一文，将西洋乐器分弦乐器、管乐器、击乐器、金制乐器四种。现可见文字主要为介绍弦乐器、管乐器的部分，文中还有各种乐器的附图，应该是李叔同发挥个人才能所绘。《石膏模型用法》分四章介绍石膏模型及其收藏、教室光线及木炭画笔等。

同一时期，李叔同在杭州《教育周报》上发表了《唱歌法大意》《西洋画特别教授法》等文。

李叔同对漫画很有研究的兴趣。在上海就职《太平洋报》时，他曾经征集过漫画作品，当时叫作“滑稽讽刺画”。在杭州期间，在李叔同的指导下，浙一师学生组织过一个漫画会，每月展览一次。李叔同和浙一师学生还出过一个版画集，李叔同刻了一幅模仿小弦画的人像。

1914年秋天，浙一师还在国内首次使用人体模特儿写生，在中国艺术史上这是第一次。1915年旧金山国际博览会举行前，李叔同组织学生报送了一批美术作品，虽然未能入选，但也可见其时李叔同对艺术教育的投入。

在李叔同的带动下，浙一师的艺术氛围非常浓厚。图画、音乐两科受到前所未有的重视，学生的学艺兴趣格外高涨。当时学校每天早晨天还不亮，学生就到琴房占座，起床号一吹，琴声齐鸣，校园中立刻震荡起交响乐般的回响。每天下午课余活动时，满校园里也飘扬着琴声。图画教室里，则挤满了练习石膏写生和木炭画像的学生。

整个浙一师，宛如一座艺术专修学院。

除音乐教育之外，在语文教学上，李叔同也有自己的独特见解。他曾预言中国的传统文学将遭受外来文化的冲击，发生根本的变化，如当初魏晋文学受佛教影响一样。因此，他劝告学生不要钻故纸堆，一味模仿桐城派、阳湖文派的陈词滥调，浪费宝贵时间和精力。最好把英文版《鲁宾孙漂流记》《双城记》《劫后英雄传》等读熟，再读通日文，通过日文间接阅读欧美名著，会对文学创作有意想不到的帮助。

李叔同在浙一师 6 年，继续开文艺风气之先，最早撰写欧洲文学史。《近世欧洲文学之概观》一文是中国人撰写的最早一部欧洲文学史，比周作人的《欧洲文学史》还要早七八年时间。文中概括介绍了近代欧洲文学的演变过程："中世古典派文学（Classic）瑰伟卓绝，磅礴大宇，及十八世纪初期，其势力犹不少衰。操觚簪笔家佥据是为典则。其后承法兰西革命影响，而热烈真挚之诗风，乃发展为文艺界一大新思潮，即传奇派（Romantic）是。迨至十九世纪，基于自己之进步，现实观之发达，乃更尚精致之描写，及确实之诗材，而写实主义与自然主义遂现于十九世纪后半期。及夫末叶，反动力之新理想派，乃萌芽于欧洲。"因为《白阳》杂志没有连续出版，所以只刊登了第一章《英吉利文学》。

最早倡导木刻艺术。1912 到 1913 年间，李叔同和夏丏尊发起成立漫画会和乐石社，指导学生研习木刻和金石技法。此外，还印制了中国最早的现代木刻版画集《木刻画集》，现代漫画理论家毕克官称李叔同为中国木刻艺术的先驱。

挚友夏丏尊

李叔同受聘浙一师期间，这里还云集了夏丏尊、姜丹书、钱家治、马叙伦、单不庵等艺术大家。其中，与李叔同关系最好的自然是夏丏尊。夏丏尊是浙江上虞人，1886 年生。祖上经商，父为秀才，10 岁之前，家境一直很好。夏丏尊自幼从塾师读经书，1901 年考中秀才。次年到上海中西书院读书，后改入绍兴府学堂学习，都因为家贫未能读到毕业。1905 年他借款东渡日本留学，先在东京弘文学院补习日语，毕业前考进东京高等工业学校，但因申请不到公费留学，于 1907 年辍学回国。李叔同与夏丏尊的家庭背景类似，又都曾留学日本，志趣相投，自然成为最密切的朋友和同事。

1908 年，夏丏尊到杭州任浙江两级师范学堂（浙一师）通译助教，后任国文教员。1913 年，夏丏尊自告奋勇地兼任了该校被人瞧不起的舍监一职。他提倡人格教育和爱的教育，学习上严格要求学生，又在生活上给予学生无限关怀，深受学生爱戴。他还提倡白话文，是中国最早提倡语文教学革新的人。1919 年与陈望道、刘大白、李次九等人积极支持五四新文化运动，推行革新语文教育，受到反动当局和守旧势力的猛烈攻击，几人先后离开浙一师。

夏丏尊在浙一师担任了 17 年的教职，李叔同是 7 年。夏丏尊曾说，在这7年间，他和李叔同一天到晚都在一起，相处得很好。李叔同和夏丏尊成了至交，用气味相投形容他们，再恰当不过。在学校里，他们认真教学，课外却经常隐入西湖的山水之中，十分惬意融洽。关于两人之间的情谊，从一件事上就可见一斑。夏丏尊说，李叔同一直都想离开浙一师，光跟他提过的，就有三四次。原因各不相同，有时是对学校领导的行为和决定不满，有时是有新的单位极力邀请他。他几次要走，都是经夏丏尊苦劝而作罢的。甚至于有一段时间，南京高师苦求李叔同去任课，他已接受聘书了，因夏丏尊恳留，他不肯拂夏丏尊之意，于是杭州、南京两处跑，一个月要坐夜车奔波好几次。

夏丏尊担任国文教员，喜欢读教育、性理方面的书，也教修身课，又自任舍监。李、夏二人虽然外表一个清瘦，一个宽厚，性情、风格也大不相同，却相处得十分融洽，所以相互之间几乎没有什么隔阂。有一幅《小梅花屋图》的题跋很能看出二人的性情和友情。当时李叔同住在学校的宿舍里，夏丏尊则租住在杭州城里的弯井巷，房前有一株梅树，就取了一个“小梅花屋”的名字，请陈师曾画了一幅画，李叔同题了一首小令《玉连环》：“屋老，一树梅花小。住个诗人，添个新诗料。爱清闲，爱天然。城外西湖，湖上有青山。”夏丏尊自己也兴趣盎然地和了一首《金缕曲》：

已倦吹箫矣。走江湖，饥来驱我，嗒伤吴市。租屋三间如铤小，安顿妻孥而已。笑落魄萍如寄。竹屋纸窗清欲绝，有梅花慰我荒凉意，自领略，枯寒味。

此生但得三弓地。筑蜗居、梅花不种，也堪贫死，湖上青山青到眼，摇荡烟光眉际。只不是家乡山水。百事输人华发改，快商量作别收场计。何郁郁，久居此！

两人这样一种亲近的关系，正如夏丏尊所言，已超出寻常友谊之外。夏丏尊对李叔同也十分敬佩，曾经表示：“他的一言一行，随时都给我以启迪。”

李叔同虽然比夏丏尊年长 6 岁，但夏丏尊则更显老成，而且有些多愁善感。

夏丏尊也知道自己有时候性格过于沉闷老成，特意刻了一方“无闷居士”印章，却不知弄巧成拙，正流露出他内心深处早已有了无边的苦闷。

李叔同对他的这种性格到十分欣赏，二人教学之外，经常泛舟西湖，畅谈人生。甚至为了躲避社会上沽名钓誉之辈到学校演讲卖乖，二人也会心领神会地一起偷偷溜出去，共赴西湖三岛之一的湖心亭品茗清谈。

湖心亭，初名振鹭亭，始建于 1552 年，后改称“喜清阁”。湖心亭就是按照喜清阁的样式重建的。清代所谓“钱塘十八景”之一的“湖心平眺”指的就是这里的景色。置身此亭，但见四周湖水碧波浩淼，群山环列如屏，仿佛居于海上蓬莱之中，真是霞光映碧波，水色入心情，令人心旷神怡。

此外，二人都身负大才，是责任感极强的革新人士，教育思想上早已有一种天然的默契。

浙一师没有更名前，有一首校歌：

功如忠肃，学似文成，自古名贤数浙人。山川钟毓，代有奇英，六百同堂步后尘。文章惊海内，科学究

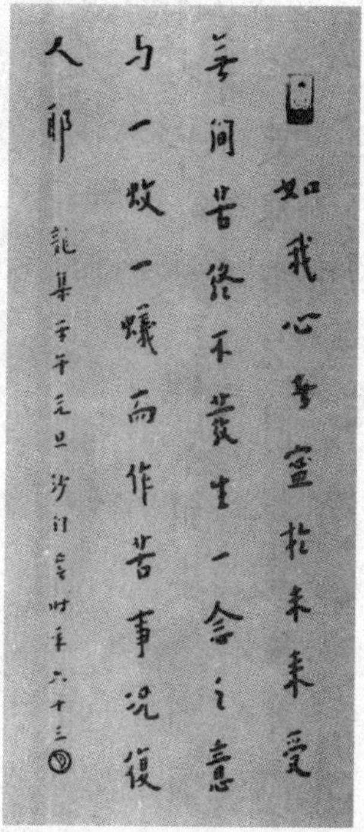

李叔同书法

专门，新旧中西一贯行。今日为多士，他年铸国民，教育前途定有声。

这首歌充满了豪迈而深厚的人文气息，却少了一些个性和灵秀之气。1913 年，恰逢学校改名浙江第一师范学校，气象一新，二人决定为新学校写一首校歌。由夏丏尊作词，李叔同作曲。歌词如下：

人人人，代谢靡尽，先后觉新民。
可能可能，陶冶精神，道德润心身。
吾侪同学，负斯重任，相勉又相亲。
五载光阴，学与俱进，磐固吾根本。
叶蓁蓁，木欣欣，碧梧万枝新。
之江西，西湖滨，桃李一堂春。

这首歌多了一些温情和关怀，少了一份说教意味，氤氲着浓浓的艺术气息，更加接地气了。

李、夏二人都对艺术教育十分推崇，教学之余，还一起发起创办了刊物《白阳》杂志。

在岁月流转中，在中国大环境的风云变幻中，李叔同和夏丏尊身处浙一师自由、开放的教育氛围中领略着人生乐趣，享受着艺术的高雅，就像两个坚定而相互搀扶的盟友，在晦暗的时局找寻着难得的光明，正是因为这种相互搀扶和鼓励，促成了两人一生的真挚友谊。

不言而教

我们常常将“教书”和“育人”联系起来。本来，教书只是一种职业，和其他职业一样，是谋生技能；但育人则更突出一种责任，更能彰显一个人的人格魅力和感染力。若能将二者完美结合、推向极致，自然会受到后人的敬仰。

就中国近代艺术教育而言，李叔同可谓启蒙者。而他的教学态度和对待学生的教育方法，更是超越时代的局限，成为尊重学生、言传身教的典范。

刚从日本毕业回国的李叔同，迅速转换自己的身份和穿戴打扮，“他换上粗布袍子，黑布马褂，布衣鞋子。留学时戴的金丝边眼镜，换成了黑的钢丝边眼镜”。在日本留学期间，他由内而外全面“西化”，回到国内，却也能够欣然接受传统的一身布衣，可见他由内而外流露出兼容中西、博古通今的旷达情怀。

他把艺术真真正正带进了生活中。在李叔同的带动下，学校的艺术氛围愈加的浓厚。漫画家丰子恺、国画大师潘天寿、音乐家吴梦非、书画家钱君匋等，以及江浙一带文艺界名流，几乎都曾受到他的人格魅力的熏陶和艺术素养的培养。他要做老师，便将一身本领毫无保留地向学生倾心相授。

李叔同对待教学十分认真，他上一小时课，备课的时间大约要半天。为了最经济、最有效地使用每一节课的 50 分钟，他总是把必须写在黑板上的内容都预先写好。

第一堂课下来，他就能叫得出来多数同学的姓名。这令学生们感到非常震惊，因为他们从来没有见过这么认真负责的老师。其实，态度认真的李叔同，早在上课之前就拿着学生的花名册逐一默认。他的教学态度，以及他对待生活的点滴，做人做事之严谨，从中可见一斑，怎不令人折服！

有些时候，遇到学生言行不美或犯了过失，李叔同当时不说，过后特地叫学生到他房间里，和颜悦色、极其委婉地谆谆教导。课堂上，总有不听话的学生，有人在音乐课上不唱歌却看别的书，有人在音乐课上随地吐痰，有人在下课回家时莽撞而用力地摔门。他会私下里向某个学生解释这种不对的做法，语气温和而严厉，说完向眼前的学生深鞠一躬。这样，虽然不免一顿说教，但也给予了学生足够的尊重，学生们大多明事理，免不了脸红羞愧，其中道理自然欣然接受，不再触犯。李叔同的教学态度，按照其得意弟子丰子恺最贴切的形容，就是“温而厉”。

他的教育艺术，主要表现在对人对事的诚敬态度上。李叔同无论是在生活中，还是在课堂上，始终保持温和、认真、威严的教师形象，成为浙江第一师范的学生们眼中最受人尊敬的老师。

李叔同这种“温而厉”的教育方式，在学生心灵上产生的震撼，往往使他们当时难以承受，但久久无法忘怀，从而，再有过失就能立即猛省。

后来成为著名记者的曹聚仁曾这样说：“在我们的教师中，李叔同先生最不会使我们忘记。他从来没有怒容，总是轻轻地像母亲一般吩咐我们。他给每一个人以深刻的影响。侍候他的茶房，先意承志，如奉慈亲。”

李叔同向来说话很少，主张“不言之教”。凡受过他的教诲的人，大多有着深刻的体会。即使平时十分顽皮，一旦见了他，或一到他的课堂，便自然而然地严肃起来，这种自带的气场是其他老师所没有的。但他对待学生其实并不总是用严厉的口吻，一贯总是和蔼可亲，这真可以说是人格的感化了。

丰子恺说：“李先生不但能作曲，能作歌，又能作画、作文、吟诗、填词、写字、治金石、演剧。他对艺术，差不多全盘皆能，而且每一种都很出色。专门一种的艺术家大都不及他，要向他学习。他教授图画音乐，有许多其他修养做背景，所以我们不得不崇敬他。借夏丏尊先生的话来讲：他做老师，有人格做背景，好比佛菩萨的有‘后光’。所以他从不威胁学生，而学生见他自生敬畏，他从不严责学生（反之，他自己常常请假），而学生自会用功。他是实行人格感化的一位大教育家。我敢说：自有学校以来，自有教师以来，未有盛于李先生者也。”

他真的做到了干一行爱一行，并认真研究。教学期间，他努力深入了解学生，关切学生的一切，对有特长的学生，总是及时提携，不埋没人才。

他思维灵活，常常能够为了教育而打破陈规，1914 年秋天，李叔同首用人体模特儿进行美术教学，开创了中国人体写生课，他鼓励学生画人体。3 年后，刘海粟在上海张园公开举办学生人体习作展览，引起轩然大波。社会上都知道了刘海粟的“裸模”，却不知李叔同更早引入，实际上，李叔同首用裸体男模，而刘海粟首用裸体女模，故而更让人“难以接受”罢了。

而对待不同性情的学生，他能够做到有教无类、因材施教。当一个生性憨直、锋芒毕露、曾“冒犯”过他的学生毕业时，他还幽默而不失严肃地去信附赠送一幅对联：“拔剑砍地，投石冲天。”既赞扬他的大无畏的精神，又蕴含警戒之意，关怀之情，溢于言表。

他非常看中刘质平在音乐方面的天赋，时常鼓励他到日本深造。因为知道刘质平家庭贫困，所以他从自己微薄的工资里每月抽出一部分作为他学习、生活的费用，竭尽所能提供帮助，甚至为了遵守诺言，推后了遁入佛门的时间。

李叔同对于教育的重视是发自内心的，诚如他那首咏菊诗所言：“我到为植种，我行花未开。岂无佳色在，留待后人来。”

李叔同以自己仅仅几年的教学经历与实践，以自己高尚的人品，以自己的师德师风，成为令人敬仰的“教书育人”典范和楷模。他的教育精神、教育方法及其感化力量将留给我们无尽的启示与思考。

“高高的瘦削的上半身穿着整洁的黑布马褂，露出在讲桌上，宽广的可以走马的前额，细长的凤眼，隆正的鼻梁，形成威严的表情。扁平而阔的嘴唇两端常有深涡，显示和蔼的表情。”这是17岁的丰子恺进入浙江第一师范学校就读时，第一次见到李叔同的样子。都说天庭饱满的人智慧非常，李叔同先生俨然如此。

一群绽放着青春喧闹的学生们，踩着预备铃，走进李叔同的音乐课，却不想这位老师已经端坐于讲台之上，一双澄澈的眼睛淡然地望着他们，认真而威严。刚才还在唱着歌与预备铃之声相和的学生，你追我闹、笑声与骂声一片的学生，皆在这双澄澈而威严的眼睛下，戛然而静。仿佛这门槛成了分别两个世界的界限，一边烟火如尘，一边清净庄严。李叔同就这么坐着，身旁的钢琴琴盖开着，琴谱、笔记、粉笔，整齐有序地摆放在讲台上。直至上课铃响起，他起身而立，深鞠一躬，开始授课。金色的表，反着金子般的光辉，射向教室里每一位挺直的身影……

刘质平与丰子恺

刘质平，音乐艺术家、音乐教育家。原名刘毅，字季武，浙江海宁盐官人。民国初年就读于浙江第一师范学校。李叔同作为他的音乐教师，对他十分赏识和大力栽培，并资助他东渡日本，入东京音乐学校深造，是他人生和事业的引路人。

李叔同之所以发现刘质平的潜质，曾有一段富有传奇色彩的故事。1912 年，刘质平于海宁高级中学毕业，考入浙江第一师范学校。入学后，由于学业出众，家境贫寒，因而获准免交学杂、书、膳、宿各费，先读预科接读师范科，学制 5 年。同年 9 月，他师从李叔同学习音乐，感觉到前所未有的教风：一是奉行为人师表，人格第一。课前做好一切准备，端坐钢琴旁恭候学生上课。两块活动黑板写满讲课要点，乐谱放在钢琴盖上，只等上课铃响便按预定计划授课。二是因地制宜，自编教材。所授歌曲多选外国曲调填词，所授琴曲也多选外国名曲另配伴奏谱，结合讲课、传授西洋和声作曲知识。刘质平由此茅塞顿开，热爱上了音乐。

1912年寒冬，一天，大雪弥漫，积雪及膝，刘质平照常沉浸在自己的音乐世界里。他独自在琴房反复弹琴揣摩，练习作曲，并创作出自己的第一首曲子。此时的他，难抑内心的喜悦，拿着写好的谱子去找李叔同斧正。李叔同接过曲谱沉默良久，不置可否。刘质平也并不自信，以为哪里有误，甚至有些无地自容。因为从来没有学生能够创作自己的曲子让老师过目。

“今晚8时35分到音乐教室，有话当面讲。”说完，李叔同依然是他的标准动作——微微一鞠躬，送刘质平而去。

到了晚上，风雪并未停止，反而更加猛烈，校园里一片银色世界，刘质平内心既有疑惑，又有忐忑，很早就来到音乐教室。他静候在教室外，毫无怨言。时间一到，教室内灯光亮起，李叔同手中拿着一块手表，对刘质平夸赞道：“时间无误，一分不差。”并让他回去，有什么打算第二天再商议。颇有些“张良拾履”的意思。

实际上，这确实是李叔同对他的一个考验，经此一事，李叔同就已经认定他是可栽培的音乐之才，并决定每周授乐理一小时、钢琴一小时。同时，还安排他向住在杭州的美国人鲍乃德夫人学习钢琴，刘质平由此走向更加广阔的音乐舞台。

由于家庭及个人原因，1915年秋，刘质平并未毕业即因病休学，离开了心爱的音乐学习，心情郁闷至极。李叔同还专门写信鼓励他、安慰他：“人生多艰，‘不如意事常八九’，吾人于此，当镇定精神，勉于苦中寻乐；若处处拘泥，徒劳脑力，无济于事，适自苦耳。吾弟卧病多暇，可取古人修养格言（如《论语》之类），胸中必另有一番境界。下半年仍来杭校，不佞甚愿舆吾

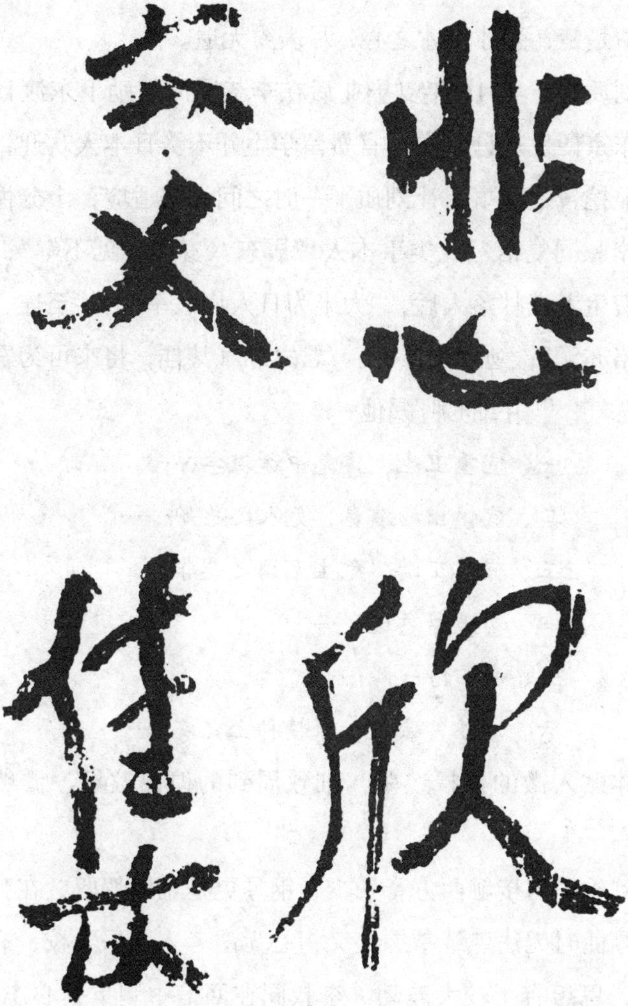

李叔同书法

弟常相众首也。秋泛近佳！”短短几句，已将人生起伏，应以平常心对待的宽慰之情和对他未来音乐之路的坚定支持的决心，说得清清楚楚，爱才惜才之心，尽表露无遗。

刘质平于 1916 年夏毕业后在李叔同的鼓励下东渡日本，他一到东京便发现许多中国官费留学生并不受日本人欢迎，恶言恶语尽显挖苦之能事，让刘质平一时之间无法适应，十分惶惑、苦闷。李叔同复信：此类事本人“居东八岁，屡见不鲜”；盖因中国官费生考试甘落人后，“大半为日人作殿军”，甚至连“作殿军之资格亦无”；勉励刘质平：“君之志气甚佳，将来可为吾国人吐一口恶气！”并细心叮嘱他：

一、宜重卫生，俾免中途辍学……

二、宜慎出场演奏，免人之忌妒……

三、宜慎交游，免生无谓之是非……

四、勿躐等急进……

五、勿心浮气躁……

六、宜信仰宗教，求精神上之安乐……

体贴入微的传授经验，细致周到的谆谆教导，俨然是他的家长。

刘质平因接触西方音乐少，钢琴更是难以驾驭，在弹奏贝多芬钢琴曲时无法熟练掌握，又担心无法考入音乐学校，有负老师栽培，思想有了较大波动。李叔同在回信中侧重其心志：“……愈学愈难，是君之进步，何反以是为忧！B 氏曲君习之，似躐等，中止甚是。试验时宜应试，取与不取，听之可也。不佞与君交谊至厚，何至因此区区云对不起？但如君现在忧虑过度，自寻苦恼，或因是致疾，中途辍学，是真对不起鄙人矣。从前鄙人与君函内解劝君之言语，万万不可忘记，宜时时取出阅看。……”看看信中内容，不仅予以安慰，还亲自教他学习方法，并说明，最对不起自己的，就是终止学习。借此鼓励他继续坚持下去。

1917 年秋，刘质平考入东京音乐学校专修音乐理论与钢琴，一直为学习、生活费用所纠缠，难以静心学习。李叔同还为他共同申请官费，但没有成功。刘质平资金无法维持，有放弃学习的意思，他在给李叔同的信中写道：“有负师望，无颜回国，唯有轻生，别无他途！”

李叔同怕刘质平做出什么出格的事来，连忙回信，表示自己将每月从微薄薪水中拿出 20 元寄交，并会一直坚持到他毕业为止，并给刘质平立下了规矩：

> 一、此款系以我辈之交谊，赠君用之，并非借贷与君，因不佞向不喜与人通借贷也。故此款君受之，将来不必偿还。
>
> 二、赠款事只有吾二人知，不可与第三人谈及。家族如追问，可云有人如此而已，万不可提出姓名。
>
> 三、赠款期限，以君之家族不给学费时起，至毕业时止。但如有前述之变故，则不能赠款（如减薪水太多，则赠款亦须减少）。
>
> 四、君须听从不佞之意见，不可违背。不佞并无他意，但愿君按部就班用功，无太过不及。注意卫生，俾可学成有获，不致半途中止也……

字里行间足见其真诚之心，令刘质平安心不少，并决定留在东京继续学习。

李叔同一生最亲近信赖的学生是刘质平和丰子恺，李叔同与刘质平书信往来长达27年之久。及至后来出家，李叔同写给刘质平的信多达上百封，信中常寄墨宝两束，一束赠学生收藏，一束命他送人结缘。从1915年起，刘质平就把李叔同的书信、各种文件、片纸只字乃至残稿，都视为珍宝，一一收藏。加上与恩师李叔同往来密切，经常获得老师的馈赠。据刘质平自己统计，这批墨宝中，计有屏条10幅、中堂10轴、对联30副、横批3条、册页198张，另有大量零零碎碎赠给他的字画无数。后来，李叔同居住在浙江镇海伏龙寺时，刘质平曾前后侍奉一个多月。临别时，李叔同曾对他说："我自入山以来，承你供养，从不间断，我知你教书以来，没有积蓄，这批字件，将来信佛居士中，必有有缘人出资收藏，你亦可将此款作养老及子女留学费用。"所以，刘质平成为收藏弘一法师墨宝最多最全的人。他将它们精心装裱，特制了12口樟木箱、藤箱，精心收藏。

1919年秋，刘质平与吴梦非、丰子恺创办了以培养中小学艺术师资为宗旨的、我国最早的一所私立上海专科师范学校。同年，三人发起成立"中华美育会"，出版《美育》杂志。

1921年7月，上海美专增设图画音乐系，应校长刘海粟之聘，刘质平担任图音系音乐组主任。当时的上海美专居全国同类学校之首，他建议在校内增设音乐系。当这一建议被采纳后，刘质平很快打开了上海美专音乐教学的新局面。他在上海美专辛勤耕耘达10年之久，被誉为上海美专音乐系的奠基人。而恩师李叔同的墨宝，在60余年中，虽历经动乱与贫困，从未与刘质平离开过半分。

刘质平辞世20多年之后，他珍存的李叔同遗墨及文献资料被其后人捐赠给了2004年落成的“平湖李叔同纪念馆”，历经沧桑，这批弘一大师的墨宝最终叶落归根。

李叔同与刘质平之间的关系，用刘质平自己的话说：“先师与余，名为师生，情深父子。”看他们之间诚挚的情感和亲如父子的关系，诚然！李叔同的此恩此情，在刘质平的心目中，超过了自己生身父母的关怀。他是个知恩图报的性情中人，时刻不忘李叔同的恩情。自李叔同出家以后，20多年里，他义无反顾地承担起了对恩师的供养，从未间断。

丰子恺的绘画强过音乐，李叔同主动让他和刘质平相互学习，互取长短，共同进步。

有一次，性格直爽的丰子恺同训育主任发生矛盾，甚至动起手来，按照校规自然会被开除。李叔同早就看出丰子恺天资聪颖，在绘画上终会有一番成就，爱才心切的他，在关键时刻挺身而出，这才让学校没有开除丰子恺。为了开阔丰子恺的艺术视野，李叔同主动辅导他日语，令其能够阅读更丰富的西方艺术理论及相关知识。

李叔同与刘质平、丰子恺这两个学生的交往过程，便可衬托出作为老师的李叔同，其教育精神、教育方法和人格力量的巨大而深远的影响。

成立乐石社

坐落于孤山南麓的西泠印社，东至白堤，西近西泠桥，南北皆邻西湖。园林精雅，景致幽绝。从前门进入，粉墙黛瓦。拾阶而上，曲径通幽。而位于孤山之巅，可见一塔，名为“华严经塔”。华严经塔是西泠印社园林的标志性建筑，第一层塔身刻有弘一法师李叔同所书《西泠华严塔写经题偈》。

李叔同诗书画印、音乐美术、文学诗词无不精通，诗书画印有共同性质的东西。治印、赏印、论印，是终其一生未曾放弃的癖好。他在给友人的信中说：“刀尾扁尖而平齐若锥状者，为朽人自意所创。锥形之刀，仅能刻白文，如以铁笔写字也。扁尖形之刀可刻朱文，终不免雕琢之痕，不若以锥形刀刻白文能自然之天趣也。”李叔同对印学的贡献还体现在他对近代篆刻事业的弘扬上。他亲自发起成立了继西泠印社之后的又一印学团体——乐石社，定期雅集，并编印印社作品集和史料汇编。这也是在近代篆刻史上领风气之先之事。

李叔同与叶为铭惺惺相惜，两人相识后常在一起切磋技艺。李叔同有个学生叫邱志贞，诸暨人，特别喜欢篆刻。李叔同就介绍他去找叶为铭学习，叶为铭见他对篆刻十分上心，自然非常喜欢，就很热心教他，还让邱志贞在山上的福连精舍深入学习。这里珍藏着古印谱，加上邱志贞醉心于此，所以技艺上也进步得很快。到了1914年，他突然生出一个想法，与老师李叔同共同成立乐石社。

乐石社成立后，篆刻爱好者把孤山视为风水宝地，作为社址，时常来聚。李叔同和叶为铭关系极为密切，时常相聚于此。

1918年8月，李叔同不顾一众好友的苦苦劝留，坚持在虎跑寺剃度出家。出家前，他把诗词、书法卷轴送给了莫逆之交夏丏尊，音乐、绘画、戏剧手稿留给弟子丰子恺、刘质平等，油画作品赠给了北京国立美术学校，而最珍爱的94枚自用印则移交给西泠印社保存。他把身外之物全部送走，净身出家了。

出家以后，李叔同并未完全切断僧俗之间的联系，与叶为铭的关系始终如一。1924年，西泠印社建华严塔时，创社成员之一叶为铭，邀请弘一法师撰书《西泠华严塔写经题偈》，镌刻于塔上。从此，西泠净土，华严圣地，风起铃动，佛音袅袅，远近相闻。李叔同之所以以僧人身份写了这个题记，表明他赞同与重视的态度，也体现了他与西泠印社关系非同寻常。

弘一法师出家前捐赠的94方印，不像一般印章珍藏于亭台楼阁，也不是一般的馆藏，而是选择放在了石匣里。

当时印社商定，将李叔同这批印章，以木盒盛之，贮藏于孤山某地，并立小型石碑以志其事。

1959年至1963年，西泠印社在收购书画文物和金石篆刻期间，曾对印社早期社员李叔同及其与西泠印社的关系，作过一些调查研究。

1963年秋日，西泠印社召开建社60周年纪念大会，认为埋藏的李叔同印章，现在已经40多年了，李叔同这批印章十分讲

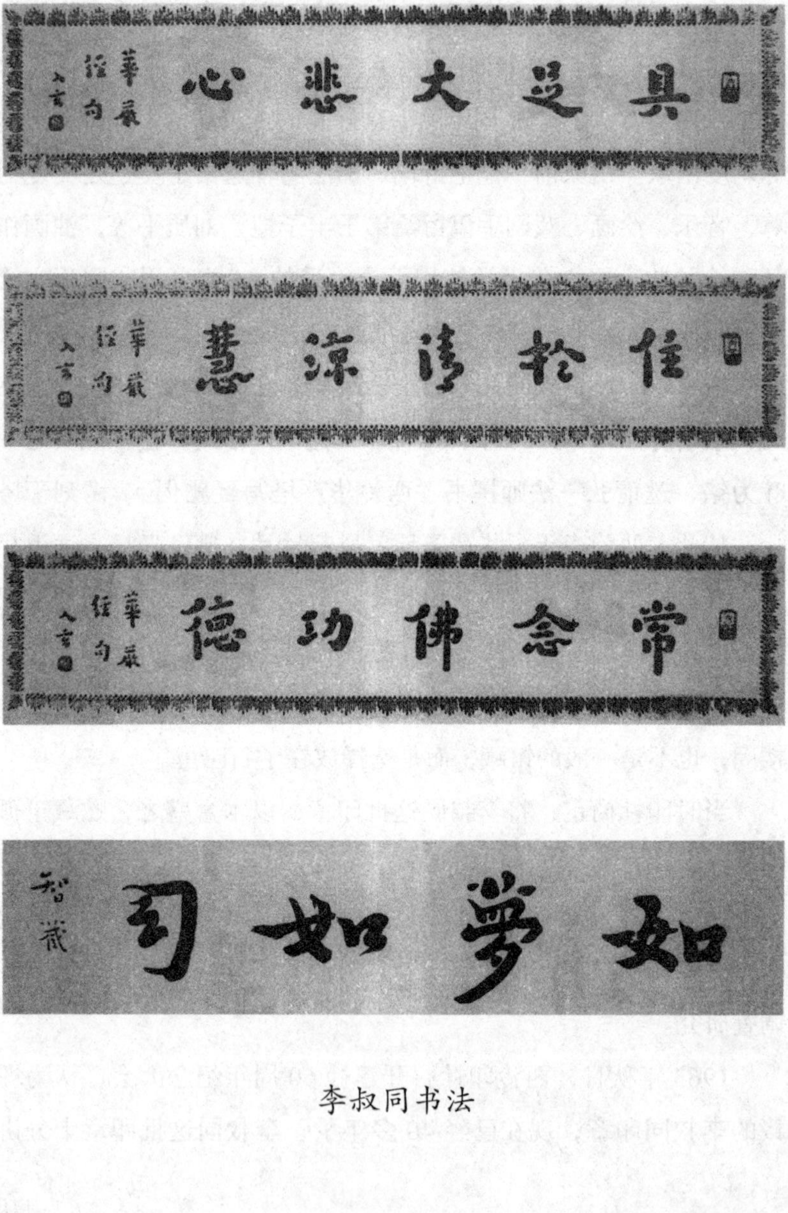

李叔同书法

究，也可以发挥作用，因此建议把这批印章取出来。印社有关领导暨老社员（韩登安、朱醉竹）数人前往鸿雪径撬开石碑（“印藏”），取出木盒，打开一看，果见内有一批印章，石质完好。经仔细清点，实数是94方（据韩登安记为93方）。计算一下，从1918到1963年，这批印章贮藏于印社鸿雪径小山洞中整整45年了。印章全部封存于石壁之中，并于壁间嵌一高30厘米、宽约33厘米的太湖石，上镌阴文小篆“印藏”二字，旁刻跋文隶书六行，内容为：“同社李君叔同，将祝发入山，出其印章移储社中，同人用昔人诗家书藏遗意，凿壁庋藏，庶与湖山并永云尔。戊午夏叶舟识。”叶舟即叶为铭，时任西泠印社社长。

发掘记录如下：石章总数94枚，共装于一石匣之内。其中有西泠印社高手如王福厂、叶舟、经亨颐、费龙丁、王匊昆等人之铁笔，亦有当时社会上之名家如徐星州、陈师曾、夏丏尊等人之刻赠；属于李叔同自镌的印章只有1枚，系白文“文涛长寿”。

挽歌《送别》

李叔同在浙一师任教期间，可谓将自己的才华淋漓尽致展现出来，并通过教师身份，在学生中间产生了深远的影响。他绘画音乐俱佳，诗词书画底蕴深厚，金石篆刻深得传统影响，无论哪方面他都是一个文学、艺术界的大师级人物。

中国自古诗词不分家，李叔同创作了中国第一首分声部合唱歌曲。在浙一师任教期间，李叔同的音乐创作也进入最辉煌的阶段。其中，吟唱几代人的《送别》《春游》《早秋》《西湖》等便是其中的代表之作。

其中，《春游》是中国作曲家创作的第一首分声部合唱歌曲：

春风吹面薄于纱，春人装束淡于画。游春人在画中行，万花飞舞春人下。梨花淡白菜花黄，柳花委地芥花香。莺啼陌上人归去，花外疏钟送夕阳。

而他填词的《送别》更是成为学堂乐歌的代表作，至今仍有着旺盛的生命力，活跃在各种艺术形式中。

《送别》是最为脍炙人口、流传最广的中国现代歌曲之一，已经深深地融入中国人的血液。1963 年，谢铁骊根据柔石小说《二月》改编的电影《早春二月》，将《送别》作为插曲。1983 年，吴贻弓导演的电影《城南旧事》，又将《送别》作为电影的主题歌。在 2010 年姜文导演的电影《让子弹飞》的开头，“县长”夫妇和“师爷”吃着火锅唱着歌，唱的也是这首《送别》。2013 年，电影《厨子戏子痞子》的片尾曲就是歌手朴树翻唱的《送别》，朴树版本的完整歌词如下：

长亭外，古道边，芳草碧连天。

晚风拂柳笛声残，夕阳山外山。

天之涯，地之角，知交半零落。

一壶浊酒尽余欢，今宵别梦寒。

情千缕，酒一杯，声声离笛催。

问君此去几时还，来时莫徘徊。

天之涯，地之角，知交半零落。

一壶浊酒尽余欢，今宵别梦寒。

天之涯，地之角，知交半零落。

问君此去几时还，来时莫徘徊。

问君此去几时还，来时莫徘徊。

《送别》不涉及教化，意蕴悠长，音乐与文学的结合堪称完美。歌词以长短句结构写成，语言精练，感情真挚，意境深邃。歌曲为单三部曲式结构，每个乐段由两个乐句构成。第一、三乐段完全相同，音乐起伏平缓，描绘了长亭、古道、夕阳、笛声等晚景，衬托出寂静冷落的气氛。第二乐段第一乐句与前形成鲜明对比，情绪变成激动，似为深沉的感叹。第二乐句略有变化地再现了第一乐段的第二乐句，恰当地表现了告别友人的离愁情绪。这些相近，甚至重复的乐句在歌曲中并未给人以烦琐、絮叨的印象，反而加强了作品的完整性和统一性，赋予作品一种特别的美感。"长亭外，古道边，芳草碧连天。晚风拂柳笛声残，夕阳山外山……"淡淡的笛音吹出了离愁，幽美的歌词写出了别绪，听来让人百感交集。

《送别》是一首极具民国风的歌曲。无论何时何地，每当这首歌的前奏响起，都会把我们送回诗人所处的20世纪二三十年代。

《送别》这首歌的曲调取自约翰·P. 奥德威作曲的美国歌曲《梦见家和母亲》，被日本的作词家犬童球溪重新填词为《旅愁》，在日本传唱不衰。被出家前的李叔同发现，利用中国传统的离别元素"长亭饮酒、古道相送、折柳赠别、夕阳挥手、芳草离情"重新填词，成为传唱至今的经典。当年，这首歌更是学堂中的毕业歌。此外，李叔同还为学堂里的孩子们写了一首《校园夕歌》，这两首歌可称为当时学子们人人会唱的学堂之歌。

后来李叔同的人气和社会影响力不断提高，他的《送别》也出现了多个版本：李叔同个人版、弟子丰子恺手抄版、林海音版、陈哲甫版、《城南旧事》版等。

其中，丰子恺版本见于裘梦痕、丰子恺合编的《中文名歌五十曲》。此书收入李叔同作词作曲或者填词的歌曲作品13首。1927年8月由开明书店出版。书中刊录的是丰子恺用毛笔小楷字手抄的，具有一定的参考价值。而《城南旧事》版最大的特点，是把丰子恺版和林海音版中的“地之角”变为“海之角”，不知是否有所依据。无论如何，李叔同创作的这首《送别》已经成为广泛流传的一首经典歌词，被越来越多的世人推崇和传唱，这就是艺术的魅力。

李叔同在写《送别》这首歌词时，还有一段动人故事。有一年冬天，大雪纷飞，当时上海一片凄凉；“天涯五友”中的许幻园站在门外喊出李叔同和其日籍夫人，说：“叔同兄，我家破产了，咱们后会有期。”说完，挥泪而别，连好友的家门也没进。李叔同看着昔日好友远去的背影，在雪里站了整整一个小时，连日籍夫人多次的叫声，仿佛也没听见。随后，李叔同返身回到屋内，把门一关，让日籍夫人弹琴，他便含泪写下了“长亭外，古道边，芳草碧连天……”的传世佳作。

《送别》一词写的是人间的离别之情，道出了世间缘分的美好。从歌词的字里行间，我们也感悟到世事无常，花开花落，生死离别，无须感叹。在这首词中，蕴藏着中国传统的离别之情，是一幅生动感人的画面，作品中充溢着不朽的真情，感动着自己，也感动着后来无数的平凡人。从另一个角度看，在李叔同的众多作品里，体现了中国文化的意蕴和精神。“一音入耳来，万事离心去”。李叔同的作品充满了人生哲理，蕴藏着禅意，给人启迪，宁静淡雅。像一杯清香的茶，清淡纯净，淡中知真味！

由于写完这首歌之后没几年，李叔同就从绚烂的人生走向了平淡的佛门净地，遁入空门。所以，常常有人说，这是李叔同告别红尘的前奏曲。每次听这首歌，除了能够激发出人们穿越苍茫、古道黄沙的历史沧桑感之外，总能让人联想到一个场景：佛香袅袅升起的青灯古寺里，略显孤寂的弘一法师身穿僧袍，身形虽然瘦削清冷，但他平和的脸上永远浮现着温暖的微笑，照耀着世人浮躁繁杂的心，让人顿时感到一种前所未有的寂静和祥和。

虎跑寺断食

佛家有断食之说，道教有辟谷之术。《萨婆多毗尼毗婆沙》卷一中载：“目连问耆婆曰：‘弟子有病，当云何治？’耆婆答曰：‘唯以断食为本’。”

断食因无须消耗太多能量，大脑会变得极度清晰，佛家以为，若以适当方法引导，可帮助提升心智到最高意识境界。

李叔同虎跑寺断食与夏丏尊有关。一天，夏丏尊在一本日本杂志上看到一篇题为《断食的修养方法》的文章，此时第一次世界大战激战正酣，一种新的时尚流行全球——断食。因此，有大量类似《断食的修养方法》等书籍出版。文章说断食是身心“更新”的修养方法，自古宗教上的杰出人物都曾实行过断食修炼。

夏丏尊读了此文，没有别的想法，只是觉得有趣，想到李叔同广览群书，一定对时下流行的新风尚比较关注，就随手介绍给他。

没想到，这本书就像一把打开李叔同内心的钥匙，一下子让李叔同豁然开朗，立刻就被迷住了。

“有机会最好把断食来试试。”夏丏尊知道李叔同向来思想忧郁深沉，只是随口开个玩笑。

李叔同却认了真，他对书中的思想颇为赞同，也因为自己常常失眠而苦恼，正好文章中介绍，断食可以治疗失眠，唤醒内心深处积蓄的能量。李叔同下定决心要试一试。

根据日本杂志上文章的介绍，实行断食在寒冷的冬天最适合。为此他将断食时间定在当年的农历十一月。寒露当天，他作了一首《题陈师曾画荷小幅》（陈师曾是李叔同的朋友，画家），词有小序曰：

> 师曾画荷花，昔藏余家。癸丑之秋，以贻听泉先生同学。今再展玩，为缀小词。时余将入山坐禅，慧业云云，以美荷花，亦以是自劭也。丙辰寒露。

词中写道：

> 一花一叶，孤芳致洁。昏波不染，成就慧业。

断食是需要一处安静的地方的。根据西泠印社社友叶品三的推荐，李叔同选中了虎跑寺。他没有声张，利用假期带校工闻玉一起上了山。

李叔同在后来写的文章中回忆：

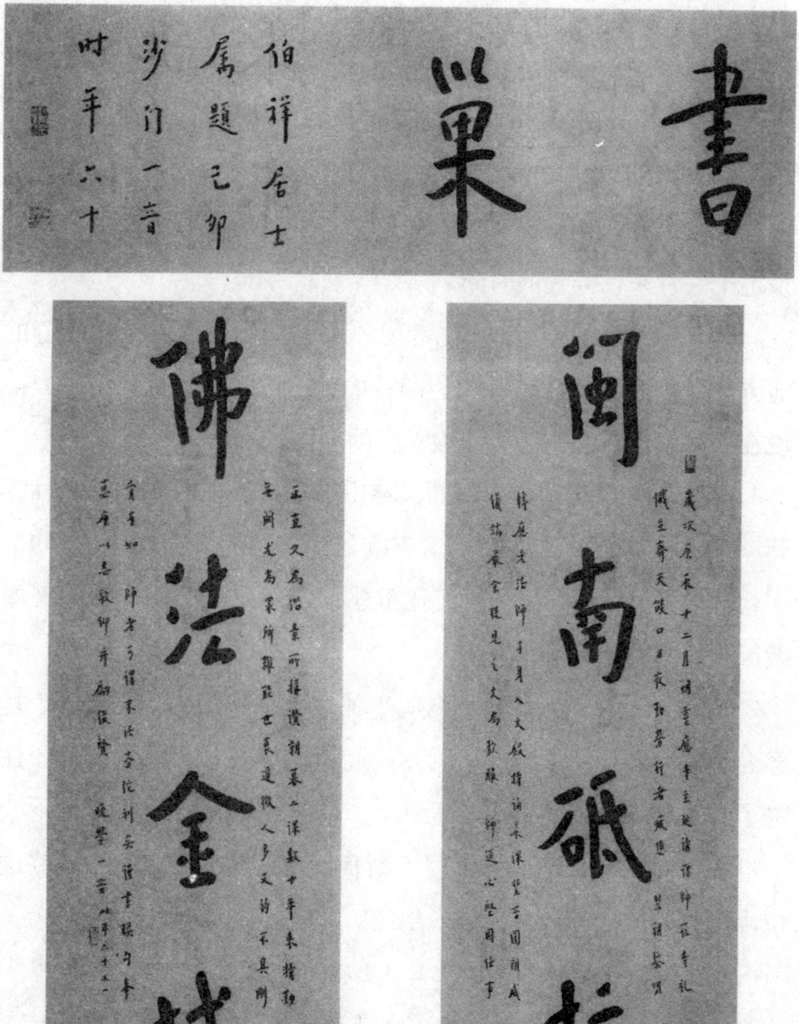

李叔同书法

“民国五年（1916）的夏天，我因为看到日本杂志中有说及关于断食可以治疗各种疾病，当时，我就起了一种好奇心，想来断食一下。

“因为我那时患有‘神经衰弱症’，若实行断食后，或者可以痊愈亦未可知。要行断食时，须于寒冷的季候方宜。所以，我便预定十一月来作断食的时间。

“至于断食的地点，须先考虑一下，似觉总要有个很幽静的地方才好。当时，我就和西泠印社的叶品三君来商量，结果，他说在西湖附近的虎跑寺可作为断食的地点。”

虎跑寺位于西湖西南隅的大慈山下。这里群峰环峙，丛林莽莽，溪水淙淙，空气清新。这寺院始建于唐元和十四年（819），宋代改名“法云祖塔院”。元代重建，恢复原名。明、清间又屡毁屡建，却越建越大。

虎跑寺有一位大护法，名叫丁辅之，是叶品三的朋友。于是经介绍，李叔同于农历十一月底，也就是学校放年假的时候，住进了方丈楼下的一间空房子里。

在短时期内，他还详细写了断食日记，我们可以从中领略这位出世大师的这一段传奇的人生经历。

> 丙辰十一月二十九日（1916年12月23日）：断食换心，是一种科学的，也是哲学的试验。
>
> 告诉闻玉，断食中，不会任何亲友，不拆任何函件，不问任何事务。家中有事，由闻玉答复。处理完毕，待断食期满，告诉我。断食中尽量谢绝一切谈话。整天定课是练字、刻印、静坐，三个段落。

食量：早餐一碗粥，中餐一碗半饭、一碗菜；晚餐，一碗饭及小菜，这是平日三分之二的食量。晚间，准备笔、墨、纸，第二天开始习字。闻玉是一个虔诚的护法。

丙辰十一月三十日：清早6时起床，静坐片刻，盥洗，6点半以后，习字一点钟。早餐，粥大半碗。饭后，静坐。9时起，习字一点钟。午餐，饭菜各一碗，12点后，午眠。下午2时起，静坐。3点钟起，习字。饥肠辘辘。晚餐，饭菜各一碗。饭后，静坐片刻。就寝。

丙辰十二月一日：6时起身，静坐。习字功课如昨。早餐，粥半碗，较昨日为稀。中餐，饭菜各一碗。午后小眠，习字如昨。傍晚，腹中如火焚。晚餐，饭半碗。逐日减少活动，以静，定、安，虑作生活中心。——闻玉示我，雪子有笺。闻玉待我，周切备至，此情永不能忘。

丙辰十二月二日：清晨，习字，静坐如常。早餐，稀粥半碗。中餐，改吃粥及菜合一碗。傍晚，空腹时，腹中熊熊然。坚定信念，习字、静坐。精神稍感减衰，镜中看人，略见瘦削。晚餐，稀粥半小碗。6时入睡。

丙辰十二月三日：晨起，精神渐渐轻快。早餐，稀粥半碗。中餐，稀粥一碗，菜少许，晚餐谢绝。但饮虎跑冷泉一杯。我如一老僧坐禅，闻玉赫然韦陀！精神翕然，腹内干燥减少。静坐。习字如昔。晚6时入睡，无梦。

丙辰十二月四日：晨起，泉水一大杯，绝稀粥。静坐以待寂灭，习字以观性灵。中餐，稀粥半碗，菜少许。傍晚，泉水一杯。习字，静坐如常。闻玉示我，雪子笺至。“情”可畏也。——年前曾与雪子妥商，假期来虎跑断食。晚6时入睡。

丙辰十二月五日：晨起，饮泉水一杯，清凉可口。习字，静坐。精神稳定，腹中舒泰。中餐，稀粥半小碗，无菜。晚，泉水一杯。6时入眠，安静，无梦，轻快。

丙辰十二月六日：今天，整日饮甘泉。断绝人间烟火。习字，静坐。思丝，虑缕，脉脉可见。文思渐起，不能自已。晚间日落时入眠。

丙辰十二月七日、丙辰十二月八日、丙辰十二月九日：静坐，习字，饮甘泉水。无梦，无挂，无虑，心清，意净，体轻。饮食，生理上之习惯而已！静坐时，耳根灵明，大地间无不是众生嗷嗷不息之声。

丙辰十二月十日、丙辰十二月十一日：精神界一片灵明，思潮澎湃不已。法喜无垠。

丙辰十二月十二日：刻印一方：“不食人间烟火”。空空洞洞，既悲而欣。

丙辰十二月十三日：依法：中餐恢复稀粥半小

碗。静坐，习字如昔。

丙辰十二月十四日：饮食逐次增进。刻印："一息尚存"。心胃开阔，饭食奇香。

丙辰十二月十五日：丏尊当不知我来此间实行断食也。一切如旧。中餐用菜。署别名：李婴，老子云："能婴儿乎？"

丙辰十二月十六日：中餐改用饭菜。习字，静坐，作室内散步。

丙辰十二月十七日、丙辰十二月十八日：七天不食人间烟火。精神，笔力，思考奇利。

丙辰十二月十九日：整理各式书法一百余幅，印数方。回校。

从日记中我们没有看到他的清苦，倒是有一份闭关修炼的轻松愉悦之感，看来李叔同真的与佛有缘。李叔同的原意只是想试试断食后的感觉，并无其他更多的期望。可他这回亲赴佛寺，对僧人的生活有些羡慕了。他经常看到一位出家人从他的窗前走过，每至此时，他都会羡慕其与世无争的样子，感慨世人争名夺利的愚蠢和无奈。有时他会向和尚借来佛经看，企图在佛经中探觅另一种人生。

为了纪念这次经历，他拍了一张照片，也写过纪念性质的书法。其中一幅书法赠朱苏典先生的横幅代表了他当时的第一感受。此横幅只有两个大字："灵化"。落款处写道："丙辰新嘉平入大慈山断食十七日，身心灵化，欢乐康强。"

据他讲，断食期间体验到从未体验过的心灵感应，从而感觉在精神感悟上增进了一大步。回校之后，他没有声张，继续站在讲台上教书育人，但在内心深处，他却徐徐打开了一扇通往另一个世界的大门，内心充满了无限神往。

他在另一篇文章中自述：“这一次我到虎跑寺去断食，可以说是我出家的近因了。”

李叔同从表面上迎来送往、忙忙碌碌，实际上，他因家道中落，早就对自己公子哥的生活方式有所隐忧，加上时局崩坏，让他倍感无助，心中早有几分归隐之意，只是没有机缘罢了。他曾写过四首歌：《幽居》《归燕》《月夜》《幽人》，都是一个主题——“归隐”。这就如《归燕》中唱的那样：

几日东风过寒食，
秋来花事已阑珊。
疏林寂寂双燕飞，
低徊软语语呢喃。
呢喃，呢喃，呢喃，呢喃，
雕梁春去梦如烟，
绿芜庭院罢歌弦，
乌衣门巷捐秋扇，
树杪斜阳淡欲眠，
天涯芳草离亭晚，
不如归去归故山，
故山隐约苍漫漫。
呢喃，呢喃，呢喃，呢喃，
不知归去归故山。

李叔同身为教师，一份责任与担当让他无法立刻抽身离开，但西湖空灵的氛围，常常让他心向往之，故常常泛舟湖上，排遣内心的忧郁。然后回到杭州城里，依然全身心地投入实际的教学中，这就是时下流行的心灵疗法。然而，1917 年夏日发生的一件事，倒是促成他下决心回归内心和自我，义无反顾地归隐山林了。

“到了民国六年的下半年，我就发心吃素了。在冬天的时候，即请了许多的经，如《普贤行愿品》《楞严经》及《大乘起信论》等很多佛经。自己的房里，也供起佛像来，如地藏菩萨、观世音菩萨等的像。于是亦天天烧香了。到了这一年放年假的时候，我并没有回家，而到虎跑寺里过年。我仍住在方丈楼下。那个时候，则更感觉得有兴味了，于是就发心出家。

“同时，就想拜那位住在方丈楼上的出家人做师父。他的名字是弘祥师。可是他不肯我去拜他，而介绍我拜他的师父。他的师父是在松木场护国寺里居住。于是，他就请他的师父回到虎跑寺来，而我也就于民国七年正月十五日受三皈依了。我打算于此年的暑假入山，预先在寺里住了一年后再实行出家的。当这个时候，我就做了一件海青，及学习两堂功课。

“二月初五日那天，是我母亲的忌日，于是我就先于两天前到虎跑去，诵了三天的《地藏经》，为我的母亲回向。

“到了五月底，我就提前先考试。考试之后，即到虎跑寺入山了。到了寺中一日以后，即穿出家人的衣裳，而预备转年再剃度。

“及至七月初，夏丏尊居士来。他看到我穿出家人的衣裳但

还未出家，他就对我说，‘既住在寺里面，并且穿了出家人的衣裳，而不出家，那是没有什么意思的。所以还是赶紧剃度好！’我本来是想转年再出家的，但是承他的劝，于是就赶紧出家了。

“七月十三日那一天，是大势至菩萨的圣诞，所以就在那天落发。落发以后仍须受戒的，于是由林同庄君介绍，到灵隐寺去受戒了。”

就这样，通过在寺里数次断食清修，李叔同感到内心舒畅，对佛家越发虔诚。终于吸引他于两年后的7月做出了一个重大决定——剃度出家。

第五章　皈依佛门

助缘皈佛门

夏丏尊曾将一本介绍断食的杂志拿给李叔同看，之后，夏丏尊就忘得一干二净了。而且，李叔同第一次去寺里断食，并没有告知他。所以，当断食后清癯消瘦的李叔同出现在他面前时，夏丏尊自然是大为惊叹的，可也不忘“责难”了一句：“为什么不告诉我？”甚至有些后悔将断食文章拿给他看。无论如何，夏丏尊算是李叔同踏入佛门的一个助缘。

自此次断食以后，李叔同即种下慧根，早已将自己看作佛门中人，并在生活中处处以佛门弟子的规范要求自己。

及至 1918 年，39 岁的艺术教师、曾经的津门李家公子哥李叔同终于放下世俗的一切，在杭州剃度出家了。这本来是个人行为，但因为他的身世和在天津、上海的影响力，经过报纸传播，很快成为轰动全国的公众事件。在李叔同的老家天津，报童边跑边卖力挥舞着手中的《大公报》，当天报纸很快被抢购一空。人们

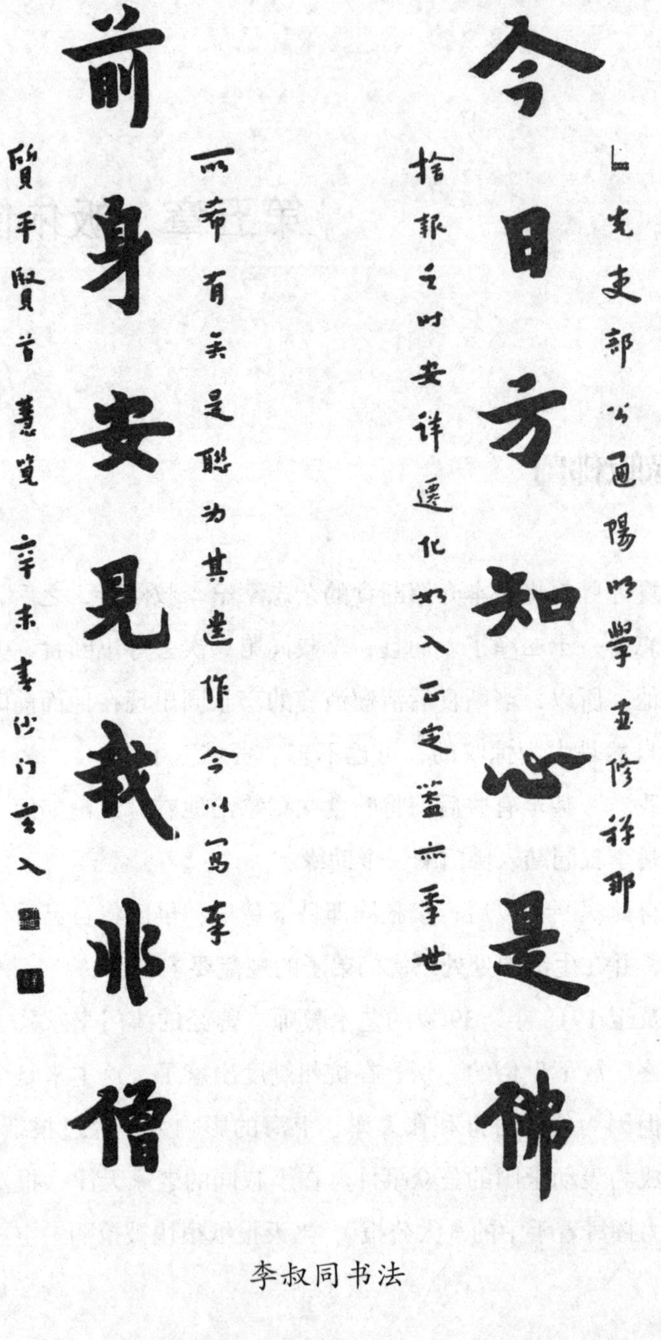

李叔同书法

竞相传阅，用充满戏谑味道的地道天津话议论纷纷：“桐达李家的三公子为嘛出家？要名有名，要钱有钱，到底有嘛想不开？”

一代才子放弃世俗生活，突然遁入空门，在当时，甚至到现在，都让人深感惋惜和不解。人们纷纷揣测他出家的原因，用佛家用语说，就是助缘。目前可推测的原因包括：个人对现实的有心无力，对红尘琐事带来无穷的烦扰感到无奈，被病痛折磨，寻求解脱，对佛教清修的心驰神往。

其实，本书第一章就曾提到，李叔同自幼深受佛教文化熏陶，自然而然在心中种下了善因，他从小就饱读诗书，相信宇宙存在的意义。他不怕神秘未知的挑战，反而被它深深吸引，深深感动。

16 岁的李叔同就曾感叹“人生犹似西山日，富贵终如草上霜”这样的诗句。人生如此短暂，就像落日迫近西山，很快就要消失不见；富贵也不会长久，如同草叶上薄薄的一层冻霜，太阳一出来就会消失得无影无踪。这种思想境界，显然与朝阳花朵一样的年纪所应有的朝气蓬勃极不相符，其间弥散着看透人生无常、富贵如烟云的意味。在少年李叔同眼中，一切都是转瞬即逝的过眼烟云，他的视线早已穿透纷纷扰扰的滚滚红尘，看到了人生的真谛。

那时的李叔同，就意识到人要顺应自然规律，顺应人与自然的缘分。每个人从生到死都是在变化中完成的，金钱、青春、爱情、生命，包括宇宙，万物都不是永恒的。物质生活给人带来的只是肉身的满足，精神生活才是激活灵魂的法器。虽然家境殷实，但李叔同对物质生活的要求很低，对名利也没有太大的欲望，只是跟随天津名士常云庄、赵元礼、唐静岩专注地学习诗词、书法、篆刻等技艺，这些艺术正是他想要的精神生活。他的朋友圈也基本都在艺术范畴，与商界、政界的人往来甚少。

练习书法时，李叔同临摹过《心经》。《心经》全名为《般若波罗蜜多心经》。“般若”是智慧，“波罗蜜多”是到彼岸。《心经》全文 260 字，是佛经中字数最少的一部经典著作，因其字数最少、含义最深、传奇最多、影响最大，它和《金刚经》一样，在社会上广泛流传，影响极大。

“观自在菩萨，行深般若波罗蜜多时，照见五蕴皆空，度一切苦厄。”是这部经的核心。李叔同临摹《心经》时，不可能不熟悉《心经》那 260 个字的意思。加之此前所积累的国学功底，对里面的文字理解也相对深刻。这是李叔同接近佛教的一个因缘，他出家后也曾讲过这部佛经。

李叔同父亲李世珍乐善好施，中年后信奉佛教，研习《金刚经》《楞严经》《地藏本愿经》等佛教经典，定期放生舍粥，吃斋念佛，家中的主要成员也应当是茹素的。5 岁时，李叔同的父亲去世。临终之时，有僧人助念往生，父亲在《金刚经》轻缓的吟诵声中安详而逝。发丧期间，李叔同目睹了僧人们敲击法器、念诵佛经的全过程，那种庄严有序的诵经声，深深感动了他。父亲与佛结缘安详而逝的画面，像一幕电影，永久定格在李叔同的脑海里，多年之后都难以磨灭。当时李宅附近有一座无量庵，李叔同的侄媳妇信佛，常到庵里念经。李叔同常去聆听，到家后就能将《大悲咒》《往生咒》及袁了凡的《功过格》背下来。李宅附近除了无量庵外，还有大悲禅院。这座始建于明末清初，兴盛于康熙年间的百年古寺，因供奉大慈大悲观世音菩萨而得名，又曾因供奉有玄奘法师的师顶骨舍利而闻名海内外。

李家先后购置宅子所处的位置，均与寺庙距离不远，这不得不说是一种因缘。更为巧合的是，成年后的李叔同更加与寺庙有缘。李叔同成为弘一大师后，途经上海重访当年的城南草堂，没想到的是，草堂易主，变成僧人讲经说法的佛堂。后来李叔同到杭州教书，学校附近也有寺院，他常常到寺院散步，有时也与僧人攀谈聊天。这仿佛是前世的因缘，寺院、僧人、佛像、古树、香火，让他感到非常亲切和祥和，这些事物曾陪伴他度过难忘的童年。家中的奶妈见三少爷有了佛化的萌芽，她认为不好，就教他改念《名贤集》里的格言。《名贤集》里有“将相本无种，男儿当自强”这样励志的句子，也有“人穷志短，马瘦毛长”“高头白马万两金，不是亲来强求亲，一朝马死黄金尽，亲眷如同陌路人”这样揭示世态炎凉的句子，李叔同更钟爱后者。

少年李叔同对诸如生死、命运、世相有了自己的理解，他对人情世故保持客观的审视，有着超越世俗的少年持重。尽管如此，他毕竟还是凡人，有着凡人的七情六欲，有着凡人的苦恼。这些心灵上的杂事无处排遣，就被他写进了诗词、歌和书法里。当这些艺术形式无法改变他的人生观和世界观时，他必然要在寻找另外一种解脱的途径。就在此时，他遇到了佛教，于是从艺术领域转向宗教，去追究灵魂的来源和宇宙的根本，这恰恰是为了实现自身的精神超越。出家只是一种形式，但这种形式可以加速他认识这个世界。对佛教经典的研读，解开了他诸多的疑惑，但他还是无法舍弃虚妄的身躯，蜕变一个全新的自我。

李叔同出家看似突然，其实早有端倪。断食体验后的1917年1月至1918年3月间，有几件事可以证明他已经流露出出家的意愿。

第一件事是1918年1月8日透露出家。李叔同在写给学生刘质平的信中说：鄙人拟于数年之内入山为佛弟子，或在一二年亦未可知……现已陆续结束一切。

第二件事是1917年11月14日聆听佛法。李叔同去虎跑寺听法轮禅师说法，回来后写了书联，并在题记里写道：

> 余于观音诞后一日，生于章武李善人家，丁巳卅八。是日入大慈山，谒法轮禅师，说法竟夕，颇有所悟。归来书此，呈奉座右。

落款是“婴居士”。（注：此时李叔同改名为李婴，寓意像婴儿般新生。）

第三件事是1918年1月发心出家。李叔同居虎跑寺客房习静一个月，恰逢马一浮带彭逊之到虎跑寺出家。李叔同目睹了彭逊之剃度出家全过程，大为震撼，随即欲拜弘祥大师为师。弘祥大师认为自己资历尚浅，就请来师父了悟大师做李叔同的师父。了悟大师为其取法名演因，号弘一。

第四件事是1918年3月15日诵经。恰逢亡母忌日，李叔同到虎跑寺诵了三日《地藏经》，为母亲回向。之后做了一件海青，每日做两堂佛课。

第五件事也是在1918年3月间。李叔同在给刘质平的信中写道：“不佞自知世寿不永（仅有10年左右），又从无始以来，罪孽至深，故不得不赶紧发心修行。自去腊受马一浮大士之熏

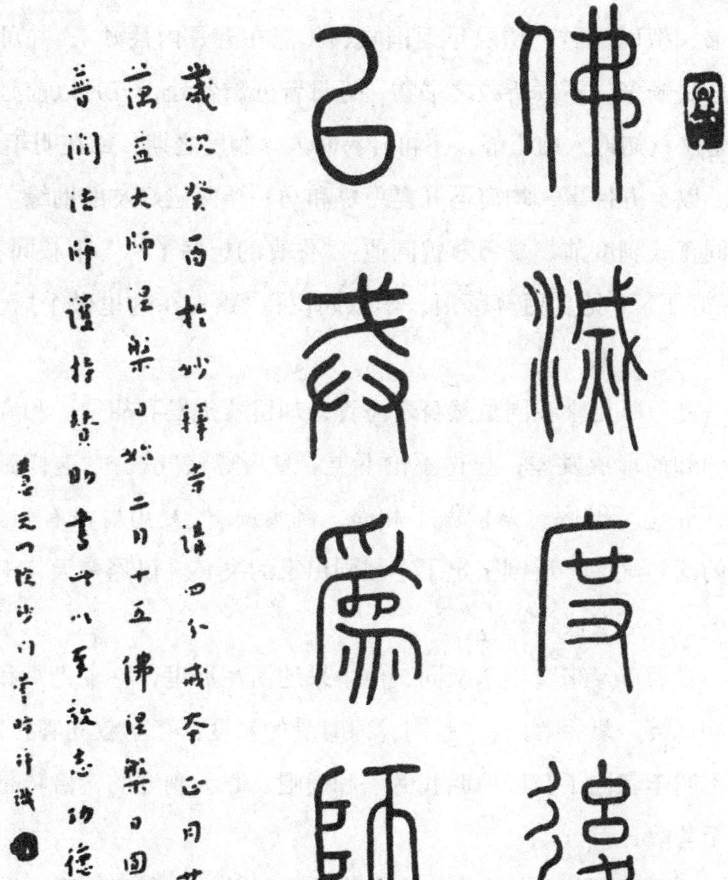

李叔同书法

陶，渐有所悟。世味日淡，职物多荒。近来请假，逾课时之半，就令勉强再延时日，必外贻旷职之讥（人皆谓余有神经病），内受疚心之苦……不佞即拟宣布辞职，暑假后不再任事矣。所藏音乐书，拟以赠君，望君早返国收领（能在五月内最妙），并可为最后之畅聚。不佞所藏之书物，近日皆分赠各处，五月以前必可清楚。秋初即入山习静，不再轻易晤人。剃度之期，或在明年。”

以上五件事，均离不开夏丏尊和马一浮两位好友的助缘。李叔同正式剃度前，夏丏尊曾问他：“你真的想好了？”李叔同答：“想好了。”见夏丏尊落泪，李叔同说：“我先在这里做个居士，修行一年再说。”

夏丏尊见李叔同虽然身着海青，却留着头发和胡须，和寺庙里的和尚形成反差，显得不伦不类。夏丏尊赌气说：“这样做居士，究竟不彻底，索性做了和尚，倒爽快。”夏丏尊没有想到，他的这句气话，反倒坚定了李叔同出家的决心。仅隔一天，李叔同举行了落发仪式。

夏丏尊又来看望李叔同，他呆呆地愣在那里，一个光头和尚正冲他笑。夏丏尊问：“叔同，何时受的剃度？”李叔同答：“我已不叫李叔同了，以后叫我弘一和尚吧。昨天剃度的，恰巧是大势至菩萨日。”

夏丏尊埋怨：“不是说暂时做居士修行，不剃度的吗？”李叔同说：“我是按照你的意思办的呀，你不是说我不僧不俗地待在这里，倒不如索性做了和尚。我想想，你说的也对，便照着你的意思做了。从今以后，我就是佛门一沙弥，尽自己所能做些弘法利生的事。我们是多年知交，以后还望得到你的照拂。”

李叔同出家后，对夏丏尊十分感谢，认为正是由于夏丏尊的因缘，使他得以实现了久已神往的夙愿。

李叔同曾说：“我的出家，大半由于这位夏居士的助缘，此恩永不能忘！”夏丏尊对此却颇为不安，内疚了一辈子。

李叔同临终前曾写下一偈：“君子之交，其淡如水，执象而求，咫尺千里。问余何适，廓尔忘言，华枝春满，天心月圆。”送给夏丏尊。他依然在感谢这位生命中重要的助缘人。

马一浮为李叔同打通研习佛法的通道。李叔同在杭州浙一师教书那几年，深感时代动荡所带来的流弊，他从心底厌恶有些教师只教书不育人，只拿薪水却不从精神上净化学生的心灵，让他们识别什么是真善美。

为了让学生们开阔视野，他常在课余时间，带学生参加各类文化活动。有一次李叔同带丰子恺到老朋友马一浮家做客，二人切磋国学、哲学、佛学。李叔同与马一浮年龄相仿，二人在艺术上惺惺相惜，但在佛学研究方面，马一浮是李叔同的前辈，说是他的老师也不为过。

在马一浮看来，佛学与儒学是互通的，他常常对人讲“儒佛兼摄”：真正的修行人，应该掌握用佛学与儒学互补的方法，因为儒家式的修养与佛教徒的修行最终还是要达到同一个目标，即提高道德修养，过滤心灵的杂质，抵达灵魂的清凉之境。“菩提涅槃是一性，尧舜孔佛是一人”，这一观念对李叔同理解佛教很有启发并且赞同。

李叔同从小接受孔孟文化的教育，也曾担负着求取功名、荣耀门楣的重任，无奈科考失利，又逢家道中落，诸事艰辛，他的内心也曾出现过人生亦幻亦真的镜像。生活的窘迫和家庭的责任，让这个孤傲清高的知识分子，不得不纵身一跃到泥沙俱下的社会中讨生活。无论是在上海《太平洋报》副刊做编辑，还是在杭州浙一师当教师，都仅仅是一份养家糊口的工作，他要适应职场里的各种规则，要学会圆滑地做人做事，要违心地应酬各种饭局。

虽然李叔同当时在美术、音乐、书法等领域中被称为艺术大师，世人对他刮目相待。但是，面对冷酷的现实，他所做的一切无法得到他人的认同，由此他对世俗生活失去了自信，产生了逃避心理。人心浮躁的年代，再难看到灵魂撞击的火花，再难听到心灵交融的圣歌，他只能守着最后一片心灵净土，寻找清澈的河流和一叶小舟。

在这种情境下，作为一名艺术家，他除了完善艺术还能如何？如果连艺术创作都无法自我救赎，他只能选择更高级的另外一种艺术形式—— 宗教。唯有如此，才能真正完成身心的净化和灵魂的蜕变，就像他在断食试验后为自己起的名字那样：李婴—— 如婴儿般新生。恰逢此时，马一浮的佛学理念与他的想法不谋而合，佛法与儒学一样，不只是学问研究的对象，而是实践的真理。无论佛学还是儒学，都在于经过自我的深刻剖析后，获得心境的提升和智慧的增长。

世间再无李叔同

美丽的西子湖畔杨柳依依、水波潋滟，没有比西湖更合适送别的场景了，自古至今，多少文人骚客留下了颇具江南风格的送别诗词，千古流传，让人动容。1918年的春天，一个温婉柔和的日本女子一改常态，带着她的朋友，遍寻西湖边大大小小的寺庙，一心要找到自己出家的丈夫。最终，二人在虎跑寺里相见了。

38岁的李叔同经过一段时间的寺庙体验，认为找到了一生灵魂的归宿，无须带着一颗漂泊的心，在路上艰难跋涉，就这样毅然决然地在这里落发为僧。10年前，风华正茂的他在日本东京认识了面前的这个女人。他为她倾注了全部的热情和感情，但如今，这一次将必定是最后的送别，丈夫决定离开这繁华世界，皈依佛门，而柔弱的日本妻子除了理解，也无法给予他更多心灵上的抚慰。

二人相顾无言，唯有泪千行。都是情感内敛之人，自然不会表现得太激动。他们和随行而来的几个朋友商定一同在岳庙前临湖的素食店进餐，吃了一顿食之无味却又不得不吃的素食饭。期间，李叔同把自己的手表交给妻子作为纪念，还平静地安慰她：“你有技术，就算回日本去不会失业。”

饭后，二人道别。

在水天一色的灰蒙晨雾里，一南一北分乘一叶小舟。一男一女各立船头，一人着素朴僧衣，一人穿异域和服。女子盯着那僧人凝视许久，开口道：“明天，我就要回国了。”

僧人只是说了一句：“好。”

女子含泪悲唤：“叔同……”

僧人：“请叫我弘一。”

女子低头，沉默良久，问：“弘一法师，请告诉我什么是爱。”

僧人答：“爱，就是慈悲。”

答毕，转身而去，再未回头。

这是李叔同与日籍妻子最后的诀别。此后，他再无意留恋这纷繁芜杂的混沌世界、滚滚红尘。

岸边送行的人望着渐渐远去的小船失声痛哭，船上的人连头也没有再回过一次。

这个可怜的日本女人，可能至死也不会明白她的丈夫缘何薄情寡义至此……是啊！世间还有什么比此情此景更残忍，更让人心碎的呢？然而，已经登临人生第三境界的李叔同，又有多少人理解他呢？

这滚滚红尘中，肯定会有很多人视他为世间最薄情寡义、最自私自利的男人。他的万般才情，瞬间就会在世间烟消云散。从此，世间再无那个会作诗、会填词、会书法、会作画、会篆刻、会音乐、会演戏的李叔同，只有后人敬仰的弘一法师！

李叔同一时间成了杭州城那个决绝、冷酷、看破红尘、心如死灰的薄情人。事实却并非如此，他在出家前曾预留了三个月的薪水，将其分为三份，其中一份连同自剪下的一绺胡须托老朋友杨白民先生，转交给自己的日籍妻子，并拜托朋友将妻子送回日本。从这一细节可以看出弘一大师内心的柔情和歉疚及处事的细心和周到。

更有一个有力的证据表明李叔同的周密安排，他在出家前曾写给日本妻子一封信：

诚子：

关于我决定出家之事，在身边一切事务上我已向相关之人交代清楚。上回与你谈过，想必你已了解我出家一事，是早晚的问题罢了。经过了一段时间的思索，你是否能理解我的决定呢？若你已同意我这么做，请来信告诉我，你的决定于我十分重要。

对你来讲硬是要接受失去一个与你关系至深之人的痛苦与绝望，这样的心情我了解。但你是不平凡的，请吞下这苦酒，然后撑着去过日子吧，我想你的体内住着的不是一个庸俗、怯懦的灵魂。愿佛力加被，能助你度过这段难挨的日子。

做这样的决定，非我寡情薄义，为了那更永远、更艰难的佛道历程，我必须放下一切。我放下了你，也放下了在世间累积的声名与财富。这些都是过眼云烟，不值得留恋的。

我们要建立的是未来光华的佛国，在西天无极乐土，我们再相逢吧。

为了不增加你的痛苦，我将不再回上海去了。我们那个家里的一切，全数由你支配，并作为纪念。人生短暂数十载，大限总是要来，如今不过是将它提前罢了，我们是早晚要分别的，愿你能看破。

在佛前，我祈祷佛光加持你。望你珍重，念佛的洪名。

叔同戊午七月一日

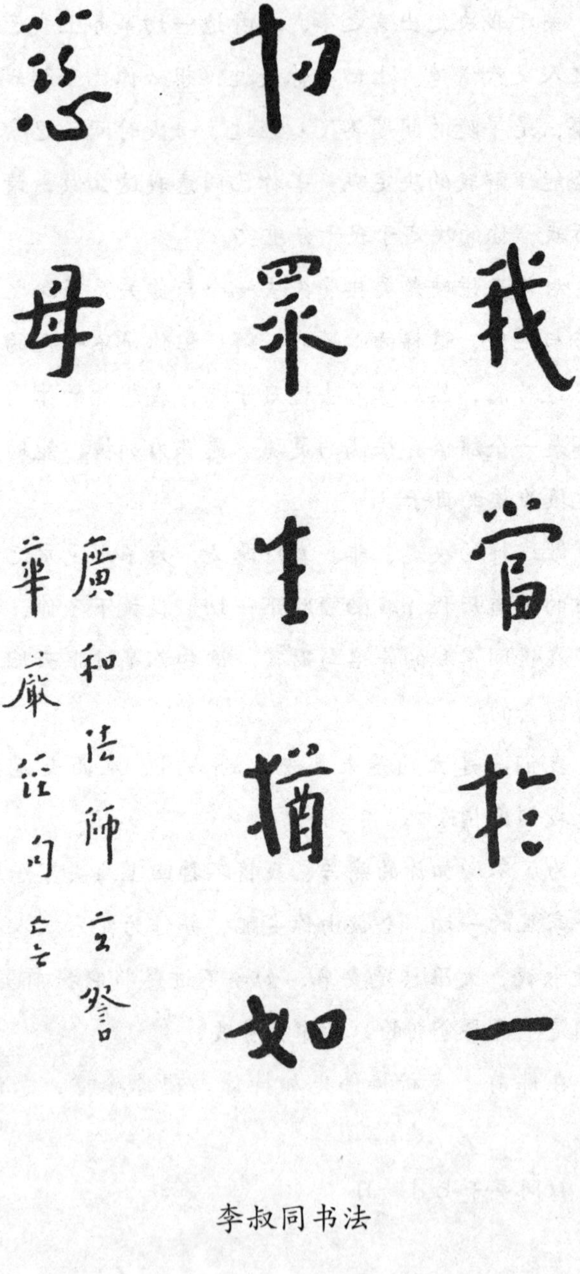

李叔同书法

信中，李叔同也细致地做了家人及周围朋友的思想工作，并做好了详细的安排，并非决然离家。

林语堂这样评价：“他曾经属于我们的时代，却终于抛弃了这个时代，跳到红尘之外去了。”张爱玲说：“不要认为我是个高傲的人，我从来不是的——至少，在弘一法师寺院围墙的外面，我是如此的谦卑。”赵朴初评他为：“无尽奇珍供世眼，一轮圆月耀天心。”

其实，他并非要争着去当什么奇珍和明月，他不过是遵从自己的内心罢了。他出家既不是为了当律宗第十一世祖，更不是为了能和虚云、太虚、印光并称“民国四大高僧”。这些只是一个“有能力”的人能够达到的高度罢了。

放下万缘，一心系佛

文化人皈依，一般是因为与佛家有着天然的联系，或者日常习性相近，或者对清净无为的思想比较亲近。所以，他们皈依后修习禅宗者居多，因其直指人心，见性成佛，又不假经教，不立文字，对佛教的顿悟很认同，也很向往。文人其实对社会上恶俗的迎来送往并不感冒，甚至十分厌恶。因此，修行相对自由，不那么辛苦，对文人是个莫大的安慰。其他如华严、法相、天台、净土，甚至密宗等，各有教众修习，从善如流。唯独律宗，因规范近乎苛刻，是真正意义上的苦行，赵宋以降，很少有人接触，以致式微，甚至无人问津，归于死寂了。幸而弘一法师以坚忍不拔的信念和雄健伟力，发心持戒第一，终成一代律宗大师。

道宣法师在唐朝初期创立了律宗，他依照《四分律》开宗，因道宣法师当时住在陕西的终南山（此处历来是清修者向往的胜地），故又名南山律宗或南山宗。

弘一法师为什么选择律宗呢？首先，他最初皈依时，因缘际会，接触了《梵网合注》《灵峰宗论》，所谓先入为主，由此对律宗产生了浓厚兴趣。其次，他在灵隐寺受具足戒后，读了马一浮赠送的《毗尼事义集要》《传戒正范》，发现按照戒律要求，自己所受戒法无法满足需要。因此，“披玩周环，悲欣交集，因发学戒之愿焉”。

关于受戒与得戒的问题，1935 年年底，弘一法师在泉州承天寺弘法时，做了《律学要略》的演讲，其中对这一问题进行了较为详细的阐述：

“我们生此末法时代，沙弥戒与比丘戒皆是不能得的，原因甚多甚多！今且举出一种来说，就是没有能授沙弥戒比丘戒的人；若受沙弥戒，须二比丘授，比丘戒至少要五比丘授；倘若找不到比丘的话，不单比丘戒受不成，沙弥戒亦受不成。

“我有一句很伤心的话要对诸位讲：从南宋迄今六七百年来，或可谓僧种断绝了！以平常人眼光看起来，以为中国僧众很多，大有达至几百万之概；据实而论，这几百万中，要找出一个真比丘，怕也是不容易的事！如此怎样能受沙弥比丘戒呢？既没有能授戒的人，如何会得戒呢？”

一般修行人，受戒后已经感到非常欢喜，但对于弘一法师人生处处样样都要追求完美的人，戒而不得自然无法忍受，只要问题还摆在面前，他有能力探求的话，自然不会停下脚步，必一探究竟还诸本源，方肯罢休。这样一来，弘扬律宗就成了他的一大动力。

弘一法师选择律宗也是受徐蔚如的启发。

弘一法师即将出家的时候，徐蔚如曾去杭州看望过他，相互交谈中，徐蔚如说："自古以来，出家的法师们，讲经的多，讲律的少。尤其近百年来，没有专门研究律学的，就算有也不彻底、不清楚。因此，你出家后可以研究律学，把中国的律宗重振起来。"弘一法师历来对自己的才华颇有信心，又有一种济世为民的思想，知晓有这样重要的律宗需要弘扬，自然会暗自选定律宗作为修行之本。1920 年，徐蔚如再次诚恳要求弘一法师专研南山律。"以为吾国千余年来秉承南山一宗，今欲弘律，宜仍其旧贯，未可更张"。弘一法师从此更加勇猛精进。10 年后，弘一法师在上虞法界寺佛前发愿专学南山律，"随力弘扬，以赎昔年轻谤之罪"。

弘一法师受戒之后，先应范古农居士之邀往嘉兴精严寺阅藏精研数月。随后，又到西湖玉泉寺钻研律部。旋即发现杭州因故友太多，多有探望烦扰，于 1920 年夏天，又特意跑到清净一些的新登贝山掩关。弘一法师在贝山埋头苦研《弘教律藏》三帙，又从日本请到了南山《戒疏》《羯磨疏》《行事钞》及《灵芝三记》等细细览读。1921 年正月才出山回杭州，接着继续寻来《四分律》及道宣、元照著疏，"并览此土诸师之作，以戒相繁杂，记诵不易"，遂产生编纂《四分律比丘戒相表记》的念头，"思撮其要，列表志之"，使繁杂的戒律明晰，便于初学。历史上有很多这样的例子，专心钻研某一方面的大成就者，都会对前人留下的著作有所怀疑，善于指出其中的谬误和不便之处，从而自己在前人基础上，再做编撰，推动其发展。李叔同发愿编纂《四分律比丘戒相表记》，也如前人所为。为了专心致志开展编撰工作，他移居温州，远离烦扰，于当年夏天完成初稿，1924 年定稿并交由上海佛学书局出版。

《四分律比丘戒相表记》是根据《四分律·初分》，采用灵芝、见月大师的注解，并加案语，对 250 条比丘戒中的每一戒条，按其犯缘、罪相、并制、境想、开缘情况，摘录戒相，条理其文。开创性地以列表展示出来，让人一目了然，方便识记。全书通篇一丝不苟地用小楷写就，这充分发挥了他的书法才能，给人一种庄重静穆的感觉。

弘一法师对《四分律比丘戒相表记》十分看重，视此书为他出家以后最重要的著作。在他圆寂前留给刘质平的遗嘱中，特意托付刘质平将《四分律比丘戒相表记》印 2000 册，流通以为纪念。此前，他在给友人的书信中亦屡有提及："拙述《四分律比丘戒相表记），今已石印流布。是书都百余大页，费五年之力编辑，并自为书写楷。"

《四分律比丘戒相表记》被誉为灵芝大师之后律学第一著作。该书出版之后，弘一法师托夏丏尊将 35 部交给在上海经营书店的内山完造先生，由其代为寄赠日本的大学和寺庙。

律宗向以戒律森严著名，一举一动，都有规律，严肃认真至极，被称为佛门中最难修的一宗。弘一法师为弘扬律宗，曾立下四誓：

> 一、放下万缘，一心系佛，宁堕地狱，不作寺院主持；二、戒除一切虚文缛节，在简易而普遍的方式下，令法音宣流，不开大法，不作法师；三、拒绝一切名利的供养与沽求，度行云流水生涯，粗茶淡饭，一衣一衲，鞠躬尽瘁，誓成佛道；四、为僧界现状，誓志创立风范，令人恭敬三宝，老实念佛，精严戒律，以戒为师。

1931 年 4 月 2 日，弘一法师在上虞法界寺发愿弘律："愿我及众生，无始已来所受众罪，尽得消灭。若一切众生所有定业，当受报者，我皆代受。遍微尘国，历诸恶道，经微尘劫，备尝众苦，欢喜忍受，终无厌悔，令彼众生先成佛道。"

"民国四大高僧"

弘一与太虚、虚云、印光并称"民国四大高僧"。其中，虚云年龄最长，弘一最后皈依。弘一法师多次表达对印光法师的推崇和敬仰，称其为"当代第一善知识""朽人于当代善知识中，最服膺者惟印光法师""音于当代缁素之中，最崇服者，于僧则印光法师，于俗则范大士"。在《复王心湛居士书》中，弘一法师讲述了自己三次向印光法师拜师的经过：第一次致书陈情，法师没有答应。第二年逢阿弥陀佛诞辰，又于佛前燃香，乞三宝慈力加被，再次上书陈情，再次被婉拒。到了年底，再竭诚衷恳，印光大师见其意志坚决、态度诚恳，终于答应。弘一法师自述“欢喜庆幸，得未曾有矣”。

印光者何许人物，弘一法师何以如此崇敬，三次请为弟子?

弘一法师曾如此评价印光法师：“法师之本，吾人宁可测度，且约迹论。永嘉周孟由尝云：法雨老人禀善导专修之旨，阐永明之微。中正似莲池，善巧如云谷。宪章灵峰，步武资福，弘扬净土，密护诸宗。明昌佛法，潜挽世风。折摄皆具慈悲，语默无非教化。三百年来，一人而已。诚不刊之定论也。”

印光法师（1862—1940)，法名圣量，字印光，自称常惭愧僧，又因仰慕佛教净土宗开山祖师——当年在庐山修行的慧远大师，故又号继庐行者，“民国四大高僧”之一。

大师俗姓赵，名丹桂，字绍伊，号子任。陕西郃阳（今合阳）路井镇赤东村人。大师振兴佛教尤其是净土宗居功至伟，是对中国近代佛教影响最深远的人物之一。大师在佛教信徒中威望极高，与近代高僧虚云、太虚、谛闲等大师均为好友，弘一大师更是拜其为师，其在当代净土宗信众中的地位无人能及。

1912 年，高鹤年居士于普陀山取大师文章 4 篇，于次年刊载于上海《佛学丛报》，署名“常惭”，读者叹服。1917 年，徐蔚如居士得大师与其友信件 3 件，以《印光法师信稿》为题印行。次岁，又得大师文稿 22 篇，印于北京，题为《印光法师文钞》。1920 年，徐蔚如再集大师文稿数十篇合订二册，出版于商务印书馆，木刻于扬州藏经院。后又迭次增广，排印于中华书局，题为《增广印光法师文钞》。其文言言见谛，字字归宗，上符佛旨，下契群机，发挥禅净奥义，抉择法门难易，发前人所未发。

五戒相

不殺生
不偷盜
不婬欲
不妄語
不飲酒

悟理法師供養
沙門一音敬書

李叔同书法

大师一生俭以自奉，厚以待人，凡善信供养香敬，从来不入私囊，助印佛书流通而外，办佛教义赈会、慈幼院等，亟力于慈善事业，广种福田。

大师早就拟欲归隐，于1930年春住苏州，掩关于报国寺，课余则修订四大名山山志，1937年冬，由于抗战，应妙真和尚请，移锡灵岩山寺掩关安居。中外信徒来寺叩关请益，大师对来者慈悲开导，折摄兼施，使闻者悦服。

弘一法师经常向印光大师通信求教，《印光法师文钞》收录致弘一法师书信4封，3封为复弘一法师书，一封为与弘一上人书。信件内容显示，弘一法师曾就如何证三昧得感通，如何讲解《大乘起信论》，以及刺血写经等事向印光请益。印光均一一加以详细回答、解释。还特别嘱咐他别为其他事所累，以致分心，并耐心劝阻他刺血写经，"血耗神衰，反为障碍"。还说，写经书最好是小楷，弘一法师便改写细楷，直到最后印光大师首肯："可依此写经"。

1924年春，弘一法师去往普陀山法雨寺与印光朝夕相处7天，悉心观察学习印光的一言一行，并将这些观察、学习所得，当作自己日后的行为准则。当时，印光法师已经64岁了，但事事自己动手，亲力亲为，没有侍者帮助。每日仍自己扫地、拭几、擦油灯、洗衣服。他每天早晨只吃一碗粥，连咸菜也不吃。每次吃饭都吃得干干净净，碰上客人碗中剩下米粒，他便大声呵斥："你有多大的福气？这么糟蹋粮食！"印光法师深信因果，认为因果之法，为救国救民之急务。善有善报，恶有恶报。欲挽救世道人心，必须于此入手。他虽精通种种佛法，但专依念佛法门，一心归向净土。弘一法师后来在泉州福林寺作《略述印光大师之盛德》的演讲，将他所学习到的印光大师的优点据此总结为“习劳、惜福、注重因果、专心念佛”四点。

弘一法师学习印光法师的美德，并将其发扬。他平生也不做主持，不蓄弟子，简朴恬淡，专心念佛。一件衣服足有200多个补丁，一把雨伞用了20多年。李圣章在杭州见他用咬扁了的柳条当牙刷蘸盐水刷牙，吃的菜里都没什么油水，穿着百衲衣，忍不住心酸落泪。在泉州，别的和尚扔了的萝卜，他捡回来吃得津津有味。夏丏尊在宁波见他毛巾太破，要替他换一块，弘一法师不肯，将毛巾展开来，表示还能用，“和新的差不多”。夏丏尊见弘一法师郑重地用筷子夹起一块萝卜时那种惜福的神情，感动得几乎要流下眼泪，不由地感慨：“在弘一法师看来，世界上万物无一不好。”

弘一大师在僧20多年，通过精诚庄严的自律苦修，大力弘扬南山律宗，以一人之力使传统断绝数百年的律宗得以复兴，佛门称弘一法师为“重兴南山律宗第十一代祖师”。

家国情怀

我们知道，弘一法师青年时期就有着忧国忧民的情怀，在南洋公学更是接受了彻底的爱国主义教育，是一个有着热切家国情怀的爱国者。出家后，时局风云变幻，他虽然一心修佛，却从未对国家失去热情，永远对身处水深火热的中华大地抱有极大的热忧和希望。

可以说，无论留须在俗，还是削发出家，弘一法师都很爱国。抗日战争期间，弘一法师写了不少具有爱国思想的对偈送人。战火纷飞的年代，弘一法师弘法的脚步从未停歇。

著名美学家朱光潜曾说，弘一法师是“以出世的精神做着入世的事业”。宗教的虔诚与献身精神并没有使他放弃救国的愿望，反而更加强烈。1941 年，弘一法师还写过一幅横卷：“念佛不忘救国，救国必须念佛”，其跋语写道：“佛者，觉也。觉了真理，乃能誓舍身命，牺牲一切，勇猛精进，救护国家。是故救国必须念佛。”弘一法师皈依佛门之后，依然广结善缘，开导众生，以唤起、提高人们的爱国热情和责任感为己任。或者，这种“宗教救国”的理想，与大师早年“教育救国”的理想是一脉相承吧！正因为如此，当时许多文化名人都颇为欣慕大师，与之结缘。

著名作家郁达夫曾到福建拜访弘一法师，相见之下，郁达夫先生竟产生削发出家的念头，希望追随大师的步履。弘一法师对他说：“你与佛无缘，还是做你愿做的事情去吧！”赠郁达夫著作数种而别。郁达夫后来因英勇抗日，被日本宪兵残杀于苏门答腊。

据徐悲鸿夫人廖静文女士的回忆，徐悲鸿先生曾多次访问弘一法师这位艺坛前辈。有一次，徐悲鸿发现山上一棵已枯死多年的树木发出了新芽，颇为吃惊，于是问道：“此树发芽，是因为您这位高僧来到山中，感动这枯树起死回生吗？”大师答道：“不是的。是我每天为它浇水，它才活过来。”徐悲鸿曾为大师作油画像，“以全力诣其极”，从一个生活点滴深刻地表现了弘一大师的庄严与慈爱。

柳亚子先生与李叔同早年同办过《太平洋报》，李叔同出家后，就与柳亚子失去了联系。1939 年抗日军兴之际，弘一法师在福建泉州正度 60 寿诞，忽然收到柳亚子一首祝寿诗，诗曰："君礼释迦佛，我拜马克思。大雄大无畏，迹异心岂殊。闭关谢尘网，吾意嫌消极。愿持铁禅杖，打杀卖国贼。"

当时在场祝寿的人见到这首诗，都感到十分惊讶，可是弘一法师读了微微一笑，提笔回诗偈一首，云："亭亭菊一枝，高标矗劲节。云何色殷红，殉教应流血。"柳亚子读后，不由叹道："呜呼，洵可谓善知识矣！"并作《怀弘一上人》文。也许在弘一法师眼里，佛法与爱国在某个契合点上真的达到了圆融统一。

师生共作《护生画集》

丰子恺是李叔同的得意门生，且他的话引用居多，这是因为，丰子恺作为李叔同的入室弟子，与李叔同情谊深厚，有着超越师徒关系的深层次联系。丰子恺是我国著名散文家、画家、文学家、美术与音乐教育家，以中西融合画法创作漫画及散文而著名。他在艺术上深受李叔同影响，是颇受李叔同器重的学生之一。丰子恺具有很高的艺术天分，加之勤奋好学，心摹手追，广采博取，在绘画上展现了极高的艺术天分。他亦工于诗文音乐，精于书法绘画，善于编辑翻译，也曾留学日本。归国后在上海创办立达学园，从事文学、美术、音乐、翻译等工作。

丰子恺以漫画闻名于世，但他自己对书法的看重远在漫画之上。他曾说：“书法是最高的艺术……艺术的主要原则之一，是用感觉领受。感觉中最纯正的无过于眼与耳。诉于眼的艺术中，最纯正的无过于书法，诉于耳的艺术中，最纯正的无过于音乐。故书法与音乐，在一切艺术中占有最高的地位。”他是一个有深度思考的艺术家，有着独立的思想，他的书法，宏大气度，蕴含于毫芒之间，其烂漫气质又流露在通篇布局、结字造型之中。他的书法源于北魏，兼及章草。风格的形成，既缘师门的影响，也有对现实世界的感悟。

丰子恺，浙江省崇德县石门湾（今桐乡市石门镇）人。父亲是一位清末秀才，擅诗文，后来发奋读书中了举人。祖母沈氏性情开朗，识文断字，对子女的教育格外重视，这也许是丰子恺一家有着良好家风的原因。母亲钟云芳，聪明贤惠，勤劳干练，和沈氏一起操持着全家的生计。丰子恺有 6 个姐姐，丰子恺出生以前，钟母常常因家中没有男丁而暗自叹息。直到丰子恺的出生，才给全家人带来了喜悦，正因为如此，丰子恺自小就受到众星捧月般的待遇。疼爱他的父母还给他起了丰润、慈玉的名字，足见对他的重视。

丰子恺 9 岁时，父亲去世，家中只剩下母亲一人支撑。在丰子恺的眼里，母亲是一位“眼睛里有严肃光辉，嘴角有慈爱笑容”的女性。他的母亲白天要照顾染坊的生意，晚上回家还要承担一个母亲所有的责任，争强、不甘人后的母亲，一人兼顾家事、店事、田事与所有应酬事，给丰子恺留下了深刻的印象。

丰子恺一生对他的母亲有着深深的眷恋，母亲的精明能干、

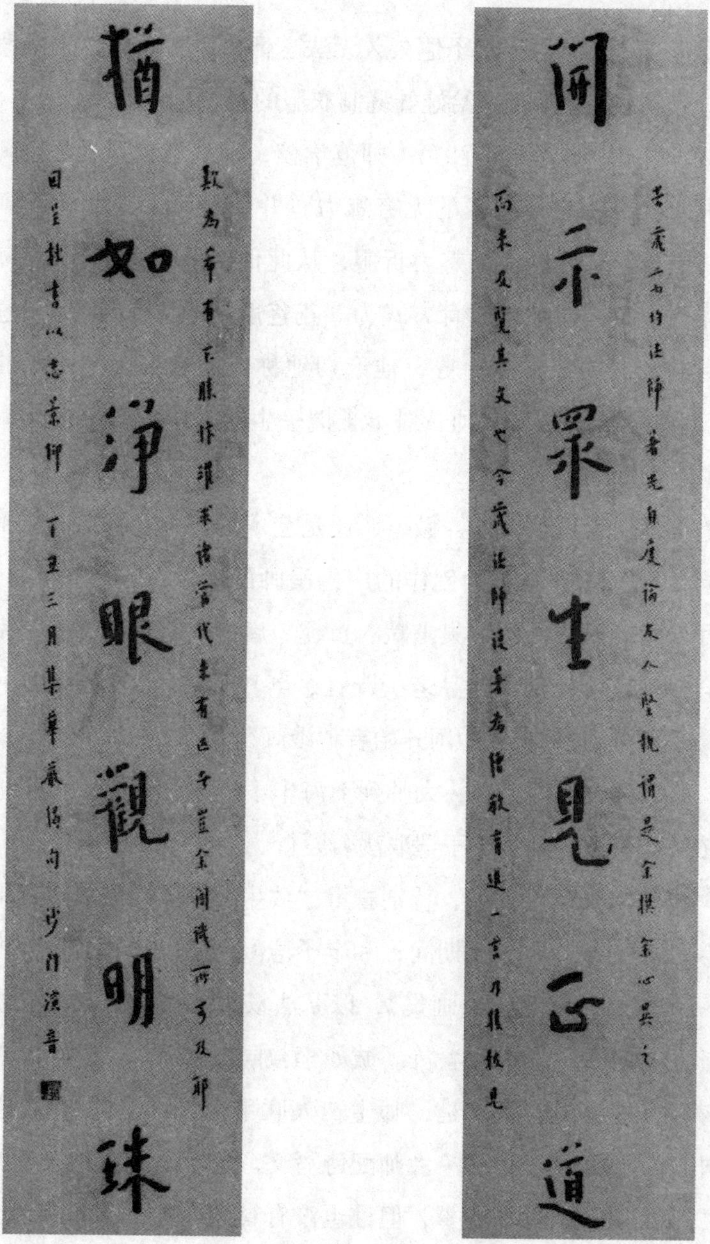

李叔同书法

温暖慈祥的形象也让丰子恺久久无法忘怀，以致后来，丰子恺专门创作了女孩子学母亲给娃娃缝制衣服的《小母亲》画作。

当年丰子恺考入浙江第一师范学校，师从李叔同学习绘画和音乐，从中领略了艺术的无穷魅力，并接触到了专业的绘画艺术，也被李叔同的人格魅力折服，从此他的艺术人生正式开启。他尊称李叔同对他的教育方式为“爸爸般的教育”。而另一位对他影响较深的老师夏丏尊，他亲切地称他的教育为“妈妈的教育”。浙一师的两位老师，对丰子恺一生的艺术活动、创作，产生了巨大影响。

丰子恺无论从做人、做事，还是艺术创作上，都追随恩师李叔同。受到恩师李叔同创作的广告漫画的启发，丰子恺于 1924 年开始发表人文漫画，集幽默、童趣、启智、明理于一身，引起社会热烈反响，他的作品老少皆宜、寓教于乐。1925 年 10 月出版《子恺漫画》，从此中国开始有“漫画”。

1927 年 11 月，弘一大师到上海丰子恺家，亲自主持了他的皈依三宝仪式，并为丰子恺取法名婴行。

佛教向来反对杀生，特别看重“放生”仪式，还有专门的放生仪轨。李叔同在上海期间，和丰子恺酝酿了一个相当重要的创意——编辑一套《护生画集》，以弘法扬善、敬天爱人、除暴戒杀、倡导环保、宣传素食等。诚如李叔同所言：“以艺术作方便，人道主义为宗趣。”于是，师生二人联手合作，共同寻找题材，由丰子恺作漫画，由弘一大师配诗写文。这个创意自然极好，对于二人而言，也并非难事，但谁也没有料到，却整整影响了丰子恺的一生。

弘一大师此次本来是要从上海北上天津，因战事而耽搁了，所以才到丰子恺的家中逗留。期间，弘一大师为丰子恺寓所题写了宅名“缘缘堂”，而为此书件作装裱的就是赫赫有名的九华堂。丰子恺在其《告缘缘堂在天之灵》中记道：“我同弘一法师住在江湾永义里的租房子里，有一天我在小方纸上写许多我所喜欢而可以互相搭配的文字，团成许多小纸球，撒在释迦牟尼画像前的供桌上，拿两次阄，拿起来的都是‘缘’字，就给你命名曰‘缘缘堂’。当即请弘一法师给拟写一横额，付九华堂装裱，挂在江湾的租房里。”

丰子恺的儿童画创作，灵感大多来自于与自己儿女的嬉戏。作为 7 个孩子的父亲，他疼爱的孩子们都曾是他笔下的人物原型，优秀的人总是能从生活的点点滴滴中寻找到创作的灵感，汲取营养。比如，《瞻瞻的车》画的是长子丰华瞻，还有长女阿宝也是他笔下很多漫画的主角。丰子恺曾说：“我的心为四事所占据了：天上的神明与星辰，人间的艺术与儿童。”“我的孩子们，我憧憬于你们的生活，每天不止一次！”

丰子恺对自己的孩子总是流露出最温暖、最慈祥的父爱，但他从不宠溺他们，希望自己的孩子们能够独立、有思想地生活。丰子恺 50 岁时，在杭州与子女们约法三章：“父母供给子女，至大学毕业为止。放弃者作为受得论。大学毕业后，子女各自独立生活，并无供养父母之义务，父母亦无供给子女义务。”

这份被拿到现在，思想都不算落伍的“家规”，从中可以看出丰子恺给予儿女们的那份独立的爱，也让已经独立的子女过自己的生活，而不是传统的“养儿防老”的旧观念。丰子恺的这种教育方式深深地影响了他的子女们，这才是一个父亲对孩子最真诚的爱。

丰子恺一直将恩师李叔同视如父亲，在李叔同50寿辰时，丰子恺特意寄去了自己精心绘制的50幅《护生画集》。李叔同看到作品后十分高兴，并欣然为画集配写文字，并回信嘱咐丰子恺，希望他能够将此集继续画下去。收到回信后，丰子恺立刻回信向恩师承诺道："世寿所许，定当遵嘱！"正是这8个字，让丰子恺用了一生的精力去实践，甚至付出了超乎寻常的代价。

10年后，第二集《护生画集》完成，共60幅。李叔同非常高兴，很快为画集配上了文字，并回信："朽人70岁时，请仁者作护生画第三集，共70幅；80岁时，作第四集共80幅；90岁时，作第五集，共90幅；百岁时，作第六集，共百幅。护生画功德于此圆满。"

1942年，弘一法师圆寂，但是丰子恺又继续画了第三集70幅和第四集80幅。

此后，丰子恺谨记李叔同的嘱托，为报师恩发奋而作。从没想过要放弃绘画，从不敢忘记对恩师的那句承诺。"护生即护心，慈悲在心，随处皆可作画"，他常常以苦为乐，只要一有机会，就会想方设法继续《护生画集》的绘画，并完成了第五集的90幅画。

丰子恺一生虽然作画几千幅（算上重复的有上万幅），但画《护生画集》，仍然是他一生永恒的主题，犹怀着一颗虔诚之心牢记不忘。

在创作第五集《护生画集》期间，丰子恺常常梦见成百上千的禽兽前来向他叩谢，表达欢喜鼓舞和感激。1965 年 3 月 31 日，丰子恺在给广洽法师的信中写道："所述梦境，实非偶然，精诚感动万方故也。弟昔年作护生画时，亦常梦见千禽百兽欢喜鼓舞，有时梦中景象助威画幅……"

1973 年，丰子恺身体每况愈下，预感自己时日无多，为不忘恩师嘱托，便拖着病体全身心地扑到绘画上。他每天凌晨 4 点就起床，开始着手画《护生画集》的第六集。此时距与恩师约定的最后一集还有几年时间，但丰子恺似乎隐约感觉到自己将不久于世，于是拼命画。儿女们怕他累坏身体，把他的笔和纸都藏了起来。丰子恺就向他们哀求道："你们这是要我的老命呀，快还给我吧！"

儿女们只好作罢，晚上即便睡在一个需要蜷缩起双腿才能睡下的小床上，他也一点儿感觉不到不便。他的所以心思都沉浸在画作中，《羔跪受乳》《首尾就烹》等名画就是这个时候完成的。

1973 年底，丰子恺终于完成了恩师的嘱托，完成了《护生画集》的最后 100 幅画，这与他送给恩师的第一集整整相隔了 45 年。

丰子恺说："我敬仰我的老师弘一大师，是因为他是一个像人的人。"丰子恺的一生正在为了做一个像人的人，才用尽自己的生命在完成这一生的追求。朱光潜曾这样评价好友丰子恺："一个人须是一个艺术家，才能创造出真正的艺术作品。子恺从顶至踵，浑身都是个艺术家，他的胸襟，他的言谈笑貌，待人接物，无一不是艺术的，无一不是至爱深情的流露……"

后人这样评价丰子恺独特的漫画："在他之前，没有人画过，

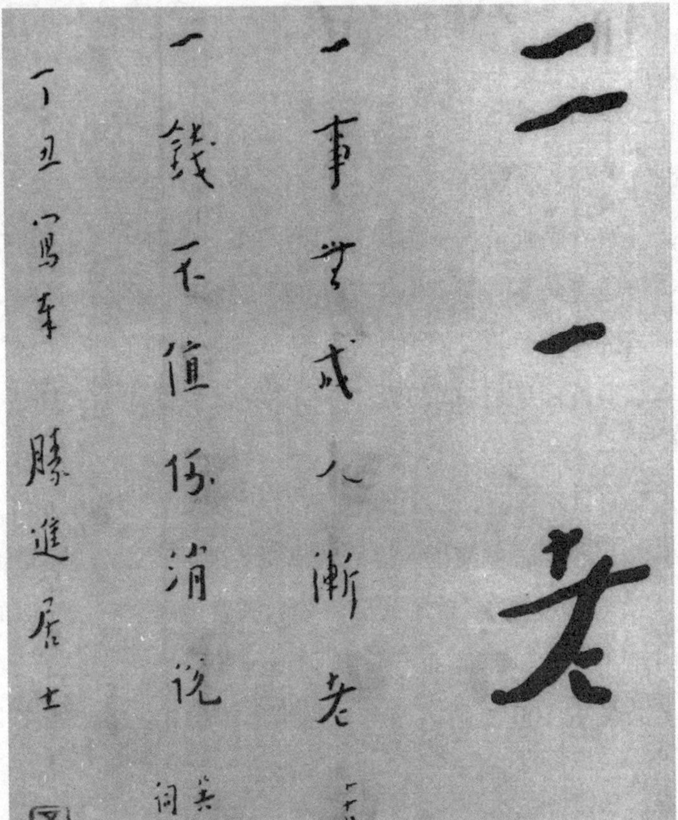

李叔同书法

之后也没有人画过。”他用淡雅常见的线条，寥寥数笔勾画出高尚的人格和深远的思想，简单朴素中画出悲悯和仁爱之情，堪称中国一代漫画大师，而其中最为知名的便是这6集《护生画集》，一共450幅。

丰子恺与李叔同的师生情谊，因为一本《护生画集》，更增添了一份信守诺言的深沉与凝重，让人无限感慨和敬佩！

书法终大成

弘一法师自幼学习诗书画印，加上天资聪慧，出家前早就有人争相收藏其作品。

出家后，他自称“朽人”，将书法作为传播佛学思想的工具和途径，他把书法看作符号或者佛法本身，境界自然又有了升华，使之再上一个台阶。他说：“我的字就是法，居士不必过分分别。”因而它不是为书法而书法，为艺术而艺术，他更看重的是文字表情达意的功能，他不是在展览或炫耀自己书法方面的造诣与才华。有了这样的心，笔下自然一派肃然、寂然，平稳冲淡，恬静自适。

在一封李叔同致马冬涵的书信中，李叔同谈到对书法的认识：“朽人于写字时，……于常人所注意之字画、笔法、笔力、结构、神韵，乃至某碑、某帖之派，皆一致屏除，决不用心揣摩。……又无论写字、刻印等，皆足以表示作者之性格。（此乃自然流露，非是故意表示。）朽人之字所表示者，平淡、恬静、冲逸之致也。”这封信写于1938年，距其去世仅4年时间，可以看作其后期对书法的认知和思想。

刘质平回忆李叔同的专文，其中“用笔用墨与写法”一章有云：“先师所写字幅，每幅行数、每行字数，由余预先编排。布局特别留意，上下左右，留空甚多。师常对余言：‘字之工拙，占十分之四；而布局却占十分之六。’写时闭门，除余外，不许他人在旁，恐乱神也。大幅先写每行五字。从左至右，如写外国文。余执纸，口报字；师则聚精会神，落笔迟迟，一点一划，均以全力赴之。五尺整幅，须二小时左右方成。”足见其审慎恭敬的态度。

刘质平的同一篇文章，接着记载道：“师曾对余言：‘艺术家作品，大都死后始为人重视，中外一律，上海黄宾虹居士（第一流鉴赏家）或赏识余之字体也。’”黄宾虹是近现代书画大家，弘一大师既认识到黄的过人之处，也已经将他当作自己书法艺术上的知己，可以互相欣赏、珍惜。《李叔同全集》有林子青所撰的《弘一大师传》云：“（李叔同）弥留之际，还写了悲欣交集四字，一面欣庆自己的解脱，一面悲悯众生的苦恼。这末后一句，真有说不尽的香光庄严。”

观其笔墨，“悲欣交集见观经”七个字的墨色，由润而枯，一气写就，而“见观经”三字全是皴擦的渴笔，行笔慢。笔枯而后蘸墨，在下面画了一个墨色饱满的圆圈。接着用小字署写日期，墨色丰满。按书写的常规，日期本当写在左下角，因为逼仄，移写到右上方，布局得到平衡。

绝笔中的主题是“悲欣交集”，以“见观经”三字作注。《观经》是《佛说观无量寿经》的简称，为释迦牟尼佛讲解极乐净土的“净土三经”之一，另两部是《佛说无量寿经》和《佛说阿弥陀经》。

《观经》里并无“悲欣交集”四字，却见于《大佛顶首楞严经》卷六：“阿难整衣服，于大众中合掌顶礼。心迹圆明，悲欣交集。欲益未来诸众生故，稽首白佛。”想弘一法师熟读律宗经典，特意写上“见观经”，不会是“悲欣交集”出自《观经》之意，而是告诉我们，临终所“见”的境界与《观经》所道极乐世界的景象相同。也许，此种悲欣交集的境界，非语言文字所能表达，故而注明“见观经”。

这件绝笔手迹，幅面小，渴笔多，未钤印，与弘一法师以往安排妥帖的书件大不一样。但“悲欣交集”又和盘托出悲悯众生沉沦生死之苦、欣喜自己往生而离苦得乐的心境，因而这纸告别之迹别具一种撼人心灵的力量。

细细品究起来，李叔同书法与人生一样走过了三个阶段：第一个阶段为雄而健，刚劲厚实，这是受北碑的影响；第二个阶段为秀而雅，碑帖相融，欲放还收，写出笔意的雅趣；第三个阶段为淡而清的演变过程，这也缘于李叔同进修梵文的精深。所以，诗有平淡、恬静、冲逸之致也，用笔轻慢，行气疏朗，左右上下却呼吸相通，融为一体，给人一种松而不散、秀而不滑、肃穆高古、宁静淡远的佛家气象。

李叔同书法前期脱胎魏碑，体势较扁，笔势逸宕灵动。后期则融入楷意，体势变方，自成一家，冲淡朴野，温婉清拔。在后来到出家后的作品，字体又呈修长清邃之态，有股超凡的宁静和云鹤般淡远的气息。如他自我表白的那样："书人之字所示者，平淡、恬静、冲逸之致也。"这是绚烂至极的平淡、雄健过后的文静、老成之后的稚朴。

李叔同入佛门称之为弘一法师，其在出家前书法多习北魏龙门一派，尤喜以张猛龙笔意，落笔重在神趣。其深厚的书法也缘于其早期临摹的《石鼓文》《峄山碑》《天发神谶碑》及《张猛龙碑》《爨宝子碑》《龙门二十品》等，真草篆隶兼涉足。他在上海编《太平洋报》时，以隶书笔写英文莎士比亚墓志，与苏曼殊的画同刊于《太平洋画报》，时人誉为"双绝"。

为了阐明他出家前后的书风蜕变，一般人都会引用普陀山印光法师看了弘一法师抄写的经书后回信中的一段话："写经不同写字屏，取其神趣，不求工整。若写经，宜如进士写策，一笔不容苟简，其体须依正式体，若座下书札体格断不可用。（弘一法师对印光法师非常崇敬，此话对改变弘一法师的书风确实起到了关键作用。）马一浮也曾在弘一法师写的《华严集联》的跋语中写道："大师书法，得力于《张猛龙碑》。晚岁离尘，刊锋落颖，乃一味恬静，在书家当为逸品。"后来弘一法师在给一位叫堵申甫居士的信中谈到自己书法的转变时说："拙书尔来意在晋书，无复六朝习气。一浮甚赞许。"

马一浮无论在书道、佛学上都被弘一法师引为知己，所以对马一浮的赞许，弘一法师颇为高兴。

对于弘一法师的晚年书法，也有着争议，有评论者认为是无节奏变化、无情绪波澜，虽澈明净，但毕竟寡淡如水，何来艺术可言？然而，这正是弘一法师的高明和他人难以企及之处。如果艺术在强烈的意识前提下而创作，那终究还不能算是最高境界。弘一法师从来不认为自己是艺术家，他虽然时常写字送人，但多为弘扬佛理，以字结缘。对自己晚期的书风，他曾在给友人的信中解释道："写字时皆依西洋画图。案之原则，揭力配置调和全纸面之形状。于常人所注意之字画、笔法、笔力、结构、神韵，乃至某碑某帖某派，皆一致摒除，决不用心端厚、故朽人所写之字。作一图案观之则可类。"

李叔同把中国古代的书法艺术推向了极致，"朴拙圆满，浑若天成"是其书法的特点，鲁迅、郭沫若等文化名人以得到大师一幅字为无上荣耀。

弘一大师是第一位对传统书法审美观进行革新的艺术大师，他的书法称古今绝无的"弘一体"。他依西洋画"形象"美学理念来表现中国书法艺术的方式别开生面，又用佛教静观法打破传统元气论，以动态气势美学作为书法的本体论基础，开启了新的书法审美道路。

弘一法师所铸就的书艺和人格的丰碑，启功先生有诗咏道："我敬李息翁，独行行最苦。秃笔作真书，淡静前无古。并世论英雄，谁堪踵其武。稍微著形迹，披缁为僧侣。"

现在，研究弘一法师书法的人越来越多，以致成为一种社会现象，这应该算是对他书法成就的最高褒奖吧！

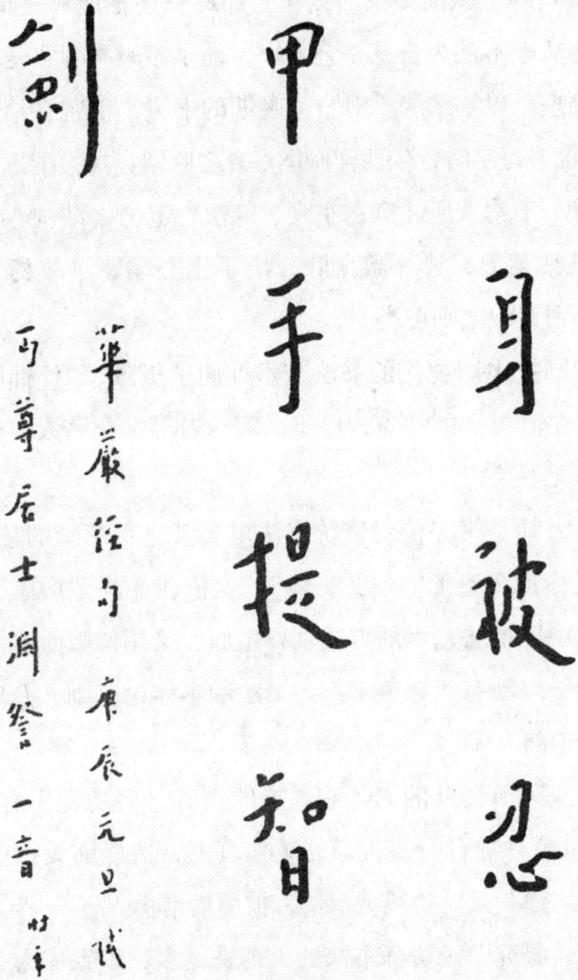

李叔同书法

闽南讲法

在与丰子恺敲定《护生画集》的相关事宜后，第二年，弘一法师在上海顺便看望了他的老友尤惜阴。尤惜阴和另外一名居士谢仁斋正在收拾行囊，准备到泰国去弘法。弘一法师觉得这是件好事，当即表示要和他们同去。

从上海到泰国，途中需经停厦门。厦门陈敬贤（陈嘉庚之弟）居士此前在杭州曾与弘一法师有过一面之缘，相晤甚欢，这次听说弘一法师要来，遂热情招待，并邀请他到南普陀寺参观。

南普陀寺的性愿法师和芝峰法师与弘一法师一见如故，两人希望他能留下来弘法。于是，性喜随缘的弘一法师就留了下来。1929 年春节，弘一法师在南安小雪峰度岁，随后又入住闽南佛学院。

闽南佛学院系太虚大师于 1927 年创办，委托其在武昌佛学院的高足芝峰法师代为管理。芝峰法师请弘一法师对佛学院的课程设计提出意见，在弘一法师的建议下，取消了英文和算术，增加佛学课程时间，学僧的学习效果得到显著提升。1929 年 4 月，弘一法师由苏慧纯居士陪同，离厦返温，途经福州，拜访鼓山涌泉寺。在涌泉寺藏经楼看到清初刊本《华严经》和《华严经疏论纂要》，见其精美，心生喜悦，发愿重印。

10 月底，弘一法师应闽南佛学院院长常惺法师之邀，再赴厦门。一年多时间，闽南佛学院学僧发展到60余名，是他上次来时的2倍。

是年年底，弘一法师再到南安小雪峰度岁，恰逢太虚法师亦在。太虚大师向弘一法师书赠一偈："圣教照心，佛律严身，内外清净，菩提之因。"两位高僧合作《三宝歌》，弘一法师作曲，太虚法师填词，法缘殊胜，世所稀有。歌曰：

人天长夜，宇宙黮暗，谁启以光明？三界火宅，众苦煎迫，谁济以安宁？大悲大智大雄力，南无佛陀耶！佛陀耶！昭朗万有，衽席群生，功德莫能明。今乃知，唯此是，真正皈依处。尽形寿，献身命，信受勤奉行！

……

《三宝歌》是中国第一首现代梵乐。梵音三阕，庄严素净，感化至深。此歌一经《海潮音》发表，不胫而走，法界广泛传唱，甚至被翻译成藏文和英文。今天，《三宝歌》已成为中国佛教的教歌和大型佛教仪式上必奏之曲目，影响深广，无可替代。

早在1931年9月，广洽法师写信邀弘一法师去厦门，因时局不稳，弘一法师中途返回。他感觉浙江寒冷的冬季已不再适合自己老病的身体，遂应广洽法师之邀，取道上海至厦门。自此以后，弘一大师定居闽南，在这片温暖的南国佛地，度过了人生最后10年。"余以宿缘，三游闽南，始于戊辰，次己巳，逮及壬申十月，是为最后。"

弘一法师对闽南深情热爱，首先，是因为这里气候四季如春，又有热带之奇花异草甚多，几不知世间尚有严冬风雪之苦，比较适合他"衣不过三"的苦行生活。

其次，闽南因远离中原，历史上少有战乱，和平安宁，民风古朴，素有“海滨邹鲁”之称。千年古城泉州，人文昌盛，为朱熹盛赞：“此地古称佛国，满街都是圣人。”元代更是成为世界第一大港，垄断中外交通。既古风浓郁，又广博开放。弘一法师到此地后，广受各寺僧众和社会人士的热烈欢迎。

1933年1月，弘一大师在妙释寺念佛会讲《改过实验谈》的当晚，梦见自己变成了一个少年，与一位儒者同行。先是闻听身后有人朗诵华严偈句，仔细一听是《普贤行愿品》。“音节激楚，感人甚深。未能舍去。”回头又见十数人席地聚坐，中有一长髯老者操弦而歌。“座前置纸，大字一行，若写华严经名。”弘一法师梦中知其以歌说法，“深敬仰之，遂欲入座”。便问听众：“可有空地相容？见两端尽是虚席，便脱履参座……”醒来后，弘一法师即开灯将梦记下，赠广洽法师留念。早晨，他又与追随他的年轻居士高文显谈起，以为此奇梦，“系居闽弘律之预兆”。弘一大师后来居闽的经历，果然证明了此梦非虚。

1933年正月，弘一法师在妙释寺开讲《四分律含注戒本》，开讲前叙述自己弘律的因缘：“余出家受戒之时，未能如法，准以律仪，实未得戒，本不能弘扬比丘戒律。但昔时既虚承受戒之名，其后又随力修学，粗知大意，愿以一隙之明，与诸师互相研习。甚愿得有精进律仪之五比丘出现，能令正法住于世间，则余之宏律责任即竟。故余于讲律时，不欲聚集多众，但愿得数人发宏律之愿，肩荷南山之道统，以此办毕生之事业着，余将尽其绵力，誓舍身命而启导之。”弘一法师将此次讲律，视作自己弘律的第一步，希望“诸师奋力兴起，肩荷南山一宗，广传世间，高

树法幢”。

1933年底，弘一法师在晋江草庵度岁，特为传贯与丰德二师开示灵峰大师《祭颛愚大师爪发钵塔文》。在文中灵峰大师痛感末世胜德凋落，法界鱼龙混杂，呼吁有识之士奋起拭挽狂澜。弘一法师开示此文的过程中，感慨时弊，几近流涕。灵峰之痛，也是他心头之痛，他持戒苦行，以身垂范，亦旨在唤醒浑浑噩噩的僧众。

1936年的最后一天，作家郁达夫来到鼓浪屿日光岩拜访弘一法师。郁达夫仰慕弘一法师久矣，但弘一法师对他的名字却很生疏。原因是，郁达夫蜚声文坛时，弘一法师已经是佛门中人。这次见面，只是略事寒喧，弘一法师赠给郁达夫《佛法导论》等书。这次见面给郁达夫留下深刻印象，回去后，他写了一首诗寄赠弘一法师：“不似西泠遇骆丞，南来有意访高僧。远公说法无多语，六祖传真只一灯。学士清平弹别调，道宗宏议薄飞升。中年亦具逃禅意，两道何周割未能。”

查弘一法师《壬丙南闽弘法略志》和《泉州弘法记》，可见其脚力之勤，足迹遍及闽南山山水水，驻临大小名刹迭50多处。闽南百姓对佛法和大师的热情，令弘一法师欣喜不已。1938年3月，弘一法师在泉州承天寺讲《普贤行愿品》，“听众甚多……，青年乃至基督教徒皆甚欢赏”“乡长、保长等皆喜欢护法，诸事顺适”。他高兴地写信告诉丰子恺等人：“乃今岁正月到泉州后，法缘殊胜，昔所未有，几如江流奔腾，不可歇止。…今年在各地（泉、厦、惠）讲经，法缘殊胜，昔所未有”，表示“余居闽南十年，受当地人士种种优惠，故于今年往各地弘法，以报答闽南人士之护法厚恩”。

闽南10年，弘一法师著述甚丰：点校南山律宗三大部，编撰《南山钞记》《蕅益大师年谱》《四分律删繁补阙行事钞》《南山律在家备览略编》《晚晴集》《寒笳集》等，此外还有大量序、跋、记、传、讲演、书信，书法也于此时臻于至境。

《南山律在家备览略编》是弘一法师继《四分律比丘戒相表记》之后最为重要的佛学著作。大师编纂此书的初衷，类似于当年编纂《四分律比丘戒相表记》。与前者不同的是，这是专为在家居士编纂的南山律宗普及读物。该书以南山三大部为宗奉，以南山拾毗尼义钞释门归敬仪、灵芝芝苑遗编等为辅助，分为宗体、持犯、忏悔、别行四篇，摭挈南山要义，方便在家居士修持。

弘一法师在闽南演讲弘法具有自己的特点。第一，不拘场所。大师所演讲的地方，有寺庙、佛教院校、慈善机构、学校、经堂、居士菜堂、私人住宅、宗祠等。第二，内容广博。据大师记述弘法的《壬丙闽南弘法略志》《泉州弘法记》中载，大师到每一处讲演的题目，均有20余种，内容极为丰富。第三，排期紧凑。弘一大师有时连续几天演讲不休息。有时一天在两个地方演讲，甚至除夕夜也不休息。据《壬丙闽南弘法略志》载：壬申除夕夜，在草庵讲《蕅益大师普说二则》；甲戌除夕夜，在万寿岩念佛堂讲演；乙亥除夕夜，在草庵病榻上讲说。第四，富有特色。弘一大师的演讲之所以能受到各界各阶层不同人士的一致欢迎，除了大师严以律己的人格力量和广博的佛学知识感召外，还由于其演讲极富特色。其特色，一是深入浅出，往往能用浅显的

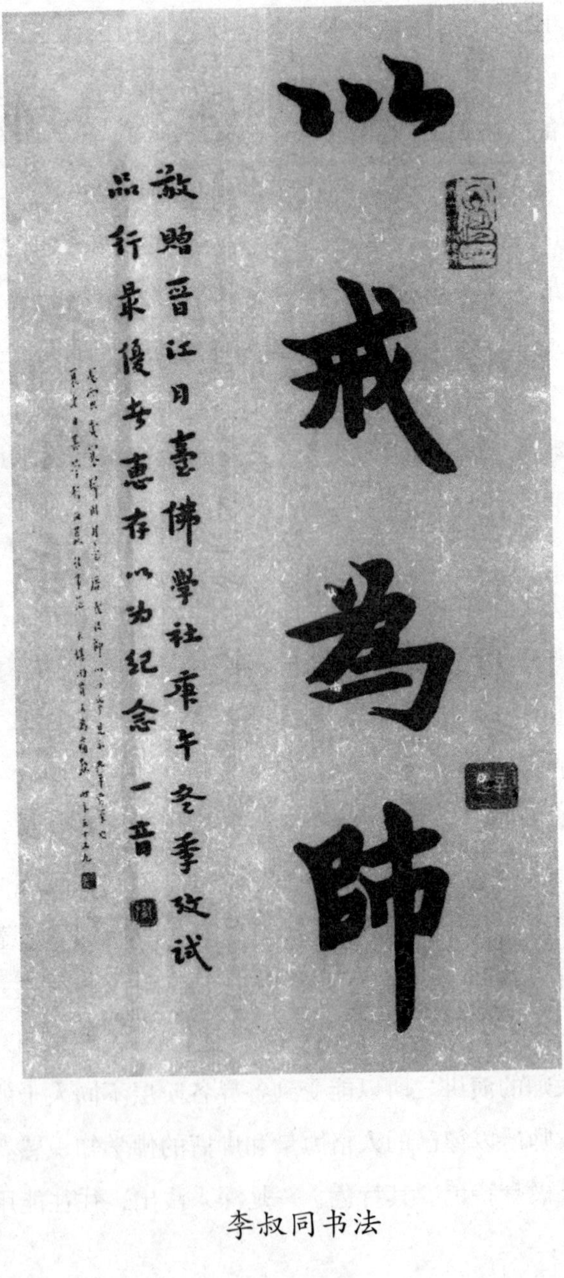

李叔同书法

语言表达深刻的教理；二是融进自己经历，以现身说法来感染听众；三是语言亲切，自然表明自己的心态；四是充满真知灼见，极富启发性。

弘一大师在闽南弘法期间，广结法缘，其途径主要有以下几种。

一是以书结缘。弘一大师常将各类经书和自己所编撰之书及讲稿赠给有缘之人，并当作很重要的大事，在他的书集中屡屡谈及以书赠人之事。如 1935 年 6 月 10 日于惠安净峰寺致广洽法师信中，1939 年 1 月于泉州承天寺致陈无我信中，1939 年 7 月 11 日于永春普济寺致觉圆法师信中等，都多次谈到以书赠人的事。大师还注意给不同对象赠寄不同的书，考虑极为周全。如对《护生画集》的出版极为关注，不仅为其题词，还过问联系由锌版改铜版的事，并常将此书转赠同人，弘法结缘。

二是以字结缘。李叔同出家后，除了书法，其他艺术活动基本都放弃了。大师早年书法形较方扁，稍后略变修长，最后偏长瘦劲。在闽南 14 年，大师书法随时日而精进，形成一种冲淡无烟火气的独特风格。大师之所以唯独不废书法，是把书法作为绍隆佛法，与众生广结善缘的媒介。

三是善结人缘。弘一大师在闽南与许多善信来往密切，从大师给数十位居士信中可看出，大师对他们循循教诲，爱护有加，点点滴滴，感人肺腑。如永春图书馆馆长王梦惺居士原号梦醒，大师于 1940 年为之易号为“梦惺”，认为“惺，悟也，不昧也。似较梦生、梦醒为胜”。当时王梦惺拟跟大师出家，因家中有老母需奉养，大师劝其不必，并于 1940 年秋为王的《菜园文稿》

题词："文以载道，岂唯辞华。内蕴真实，卓然名家。居士孝母，腾誉乡里。文章艺术，是其余技。士应文艺以人传，不应人以文艺传。"弘一大师多次为信善者证受皈依，仅以 1935 年 10 月至 11 月在惠安为例，就先后 6 次为 70 余人证受皈依。弘一大师与闽南僧人关系也极笃，可从大师致诸法师信中感受到。

近代闽南佛教特点的形成，与弘一大师的推动有极为密切的关系。

大师圆寂

1942 年秋，弘一法师在福建泉州不二祠温陵养老院圆寂，遵佛教仪式火化，其舍利分别由温陵养老院（1952 年迁至泉州清源山弥陀岩）和杭州虎跑寺建舍利塔供养。法师垂危时，曾作二偈给夏丏尊等旧友："君子之交，其淡如水。执象而求，咫尺千里。问余何适，廓尔亡言。华枝春满，天心月圆。"诗境圆融、洒脱、从容，充分表达了大师对生与死的必然，以及万物生生不息的自然规律的彻悟。只有具备如此渊博深厚的学养的哲人，才能有如此博大、恢宏、超脱一切、悲悯一切的胸怀，才能如此冷静、理智、从容地面对生死之界限。诵其诗，令人起敬。

1942 年 10 月初，弘一法师旧病复发，宣布绝食，并拒绝医治。广洽法师问候他的病情，他说："你不要问我病好没有，你要问我有念佛没有念佛。"几日后自觉不久于人世，就给李芳远写信："朽人近来病态日甚，不久当即往生极乐。犹如西山落日，殷红灿烂，瞬即西沉。故凡未圆满诸事，皆深盼仁者继成，则吾虽调，复奚憾哉！”

大师病重后，拒绝医疗探问，一心念佛。他告诉他的弟子妙莲法师：“你在为我助念时，看到我眼里流泪，这不是留念人间，或挂念亲人，而是在回忆我一生的憾事。”

10月10日下午，弘一法师索来纸笔，写下“悲欣交集”的绝笔交给妙莲。大师“悲”什么？“欣”什么呢？与婆娑世界离别是悲，往生西方是欣。山川草木、宫室楼台、尊荣富贵乃至亲朋骨肉，在佛家看来，如昙花一现，皆为幻象、梦境。梦中离别，亦有悲情，虽有悲情，实乃空虚之悲。而欣则是真欣！涅槃入寂，成就正觉，岂非最可欣之事？自古无哪位高僧大德往生之时道出这四字，这足以证明弘一大师的无上智慧！

弘一大师生前留下的最后墨宝，便是写在用过的信纸背面的“悲欣交集”这四个字。这被后人认为是他的遗言，也是他对自己一生的总结，在他生命终结之时，他一面欣庆着自己的解脱，一面还在悲悯着众生的苦恼。

弘一法师将自己的后事委托妙莲法师一人负责，并在遗嘱中注明：“当我还没有命终以前，以及生命终了、死后，我的事，全由妙莲法师一人负责，其他任何人，毋用干预。”

大师还特意叮嘱妙莲法师两点注意事项。一是圆寂前后，看到他眼里流泪，并不是表明留恋世间，挂念亲人，而是在回忆他一生的憾事，为一种悲欣交集的情境所感；二是当呼吸停顿、热度散尽时，送去火葬，身上只穿这身破旧的短衣。遗体停龛时，要用小碗四个，填龛四角，以免蚂蚁闻臭味走上。应逐日将水加满，以防蚂蚁又爬上去，火化时损害了蚂蚁的生命。弘一法师行将大去，视皮囊如敝履，却对渺小的蚂蚁的生命念兹在兹。大哉弘一，悲悯至斯！

此后两日，大师每天默念“阿弥陀佛”。10月10日，上午为黄福海居士书蕅益大师警训：“以冰霜之操自励，则品日清高；以穹窿之量容人，则德日广大；以切磋之谊取长，则学问日精；以慎重之行利生，则道风日远。”下午，又书“悲欣交集”四个大字，旁注小字：“见观经。”交付妙莲法师，是为弘一大师临终绝笔。

1942年10月13日（农历九月初四），晚8时，在妙莲等法师的助念声中，弘一法师于泉州温陵养老院安详圆寂，他的眼角沁出晶莹的泪花。世寿63华诞，僧腊25春秋。一代高僧弘一法师至此走完他的传奇人生，终于奔向了他一心向往的极乐世界。

太虚大师闻说弘一法师圆寂，凭悼道：“以教印心，以律严身，内外清净，菩提之因。”

大师荼毗后，得舍利1800余颗，舍利块500多块。第二年，印西等浙江弟子欲为大师在虎跑寺建舍利塔，请马一浮先生作铭文。马一浮应允又写下《弘一律主衣钵塔记并铭》，将律学历史渊源与弘一法师弘律理路及功德建树概括无遗，盛赞弘一法师“秉心介洁，制行精严，俨然直追古德，可谓法界之干城、人天之师范”。

一代传统文人，一个悲欣交集的律宗大师，一个风度翩然的文人雅士，一个学贯中西的艺术大师……连同他渊博的知识，惊人的才华，不凡的经历……就像一闪而过的流星一样，在留下耀眼的光芒之后，又永远地归于沉寂了。

但是，演音、弘一法师、李叔同……毕竟不是一个凡人。作为中国新文化运动的先驱，一个卓越的艺术家、教育家、思想家、革新家，中国传统文化与佛教文化相结合的优秀代表，中国近现代佛教史上最杰出的一位高僧，一位享誉国际的知名人士，一个在教育、哲学、法学、汉字学、社会学、广告学、出版学、环境与动植物保护、人体断食实验诸方面均有开创性工作的不凡的人，用其一生为世人展示了一个自由的行者洒脱而精彩的一生。

附录：李叔同年表

李叔同为近现代中国重要的艺术家、艺术教育家、文化先行者和佛门高僧，李叔同以丰富的艺术创作、众多开创性业绩享誉世界。

1880年庚辰1岁

10月23日（农历九月二十日），生于天津陆家胡同（河东地藏庵前路北第一个门，此后更名为陆家竖胡同2号，今已不存）。时父68岁，母20岁。幼名成蹊，学名文涛，字叔同、漱筒，曾自署三郎。

1882年壬午3岁

是年，全家迁居粮店后街之新宅。

1884年甲申5岁

夏，父亲患痢疾，弥留之际，家人以其所嘱，请僧人念《金刚经》；亡故后7日，又请僧人超度。此后数年间，李叔同常招侄辈幼儿，仿道场景以为游戏。

1897年丁酉18岁

是年尊母兄之命，与茶商之女俞氏完婚。以童生应天津县试，未能录取。

1898年戊戌19岁

春，入天津县学应试。写时文《行己有耻使于四方不辱君命论》《乾始能以美利利天下论》，提倡“器识为先，文艺为后”。

10月，离开天津大家族，奉母携眷迁居上海。初到上海时，赁居于法租界法马路卜邻里第三弄李公馆，赖沪上申生裕钱庄之“李家柜房”应付日常生活。

1899年己亥20岁

加入以上海名士许幻园为盟主的城南文社。文社每月会课，初次会课时的小课《拟宋玉小言赋》，名列第一。

1900年庚子21岁

3月15日，与蔡小香、袁仲濂、张小楼、许幻园一起在徐家园内小宴，并在园内悦来照相馆合影。许幻园仿其师王韬在徐家园内摄有“海天五友图”之例，名曰“天涯五友图”。

春，与张小楼、吴梼、许幻园等一起在上海四马路（今福州路）大新街（今湖北路）口杨柳楼台旧址组织成立“海上书画公会”，并拟每周出刊《书画公会报》，由中外日报社随报发行。任《书画公会报》副经理，另一副经理为许幻园，总经理为吴梼，主会张小楼。

5月8日，海上书画公会在《中外日报》刊出《创设书画公会报启事》，称“本会以提倡风雅、振兴文艺为宗旨，专印书画、篆刻等件，他项新闻，概不登载，以杜流弊。愿入会者，本会即酬以各款利益，各行欲登告白，另有章程载明。本报会设上海四马路西大新街口杨柳楼台旧址。俟房屋装修完美，四月初旬出报。详细章程请至本会取阅。外埠邮资自理……”为该书画报编者。

5月20日，《书画公会报》第1期出版，为中国近代美术史上第一份专业书画报。

1901年辛丑22岁

春末夏初，以李广平之名参加南洋公学特班、以李成蹊之名参加上海广方言馆入学考试，均被录取。选择入南洋公学。

9月13日，入南洋公学特班学习。

1902年壬寅23岁

夏，南洋公学特班生入学1周年之际，师生26人在上院前廊合影，蔡元培、王舟瑶二教习居中，学生分列左右，李叔同紧依二师身后。

11月16日，“墨水瓶事件”引发南洋公学200余学生集体退学，特班自此解散。结束在南洋公学的学习生涯。

1904年甲辰25岁

春，参与沪学会活动。任教补习科。

是年，参与沪学会活动时主持建立义务小学，办音乐会，实践新型戏剧艺术，改革活动方式。开始早期的戏剧活动，票演京剧。

1905年乙巳26岁

年初，为沪学会补习科编“新戏册”《文野婚姻》。

2月9日，沪学会附属义务小学挂牌，主持教务。

2月13日，所作《文野婚姻》公演。

3月10日，母亲王氏逝世，享年45岁。

3月19日，参与筹办的沪学会附属义务小学开学。

4月9日，召集沪学会会议。

5月，《国学唱歌集》（初编）由中新书局国学会出版。

7月31日，在天津以西式礼仪举行亡母追悼会。

8月12日，留眷津门，离开天津，取道沪上，赴日留学。

9月29日，《醒狮》月刊在日本东京创刊，为其设计封面。

10月，在《醒狮》第2期发表《图画修得法》。另在该期发表《菩萨蛮——忆杨翠喜》（词）、《为老妓高翠娥作》（诗）、《为沪学会撰〈文野婚姻新戏册〉既竟，系之以诗》（诗）。

冬，作水彩画《山茶花》。致徐耀廷明信片，明信片正面作水彩画《沼津风景》。作《莲藕图》。

是年，在《醒狮》第3期发表《图画修得法续》。为该期设计图案。与同人议创《美术杂志》，未果。

1906年丙午27岁

1月27日，撰《音乐小杂志序》。《音乐小杂志序》文字优美，含义深刻。其中有一段写道：“翳夫音乐，肇自古初，史家所闻，实祖印度，埃及传之，稍事制作；逮及希腊，乃有定名，道以著矣。自是而降，代有作者，流派灼彰，新理泉达，瑰伟卓绝，突轶前贤。迄于今兹，发达益烈。云滃水涌，一泻千里。欧美风靡，亚东景从。盖琢磨道德，促社会之健全；陶冶性情，感精神之粹美。效用之力，宁有极矣。”

2月8日，在日本出版中国第一种音乐杂志《音乐小杂志》。

4月24日，在《醒狮》第4期发表《喝火令》(词)、《水彩画法说略》。

6月，《国学唱歌集》(初编)由中新书局再版。

9月29日，私费考取东京美术学校西洋画科撰科。

秋，接受日本《国民新闻》记者采访。

10月4日，日本《国民新闻》刊出该报记者所撰《清国人志于洋画》。

冬，与同学曾延年、黄辅周等组织“春柳社文艺研究会”，有《春柳社文艺研究会简章》《春柳社演艺部专章》。

是年，在东京从音乐家兼习音乐。

1907年丁未28岁

2月11日，春柳社在日本东京新落成的中华基督教青年会礼堂演出话剧《茶花女》第3幕，饰茶花女（玛格丽特）。

5月31日，所排《黑奴吁天录》在本乡座预演。

6月1日、2日，春柳社开丁未演艺大会，在本乡座出演《黑奴吁天录》。演出前为《黑奴吁天录》设计节目宣传单。节目宣传单署脚本著作主任为存吴，布景意匠主任为息霜。为之绘布景。

冬，在东京常磐馆出演话剧一出。

1908年戊申29岁

4 月 14 日，春柳社在常盘木俱乐部举行第 3 次公演，出演《生相怜》。饰演少女主角，曾延年扮其父。

5 月 5 日，春柳社在东京举行第 4 次公演。参与演出。

是年，为日本“文艺协会”会员。仍在东京音乐学校兼习音乐。

1909年己酉30岁

4 月，参加白马会第 12 回展览，展出油画作品《停琴》。

夏，给在四川探亲的曾延年寄明信片，问候起居，并在明信片背面绘由“曾”字组成的漫画。此画后发表于《太平洋报》。

是年，上海城东女学举行第六次游艺会，展出五言绣联两幅。

1910年庚戌31岁

5 月，参加白马会第 13 回展览，展出油画作品《朝》(编号 47)、《静物》(编号 182)、《昼》(编号 566)。

6 月，油画作品《朝》被收入《庚戌白马会画集》。

10 月，东京美术学校《东京美术学校校友会月报》1910 年 10 月卷记载：“前学年中，精励学业者，由本校授予精勤证书。”被授予“精勤证书”。当年受此荣誉者 21 人，为唯一的留学生。

1911年辛亥32岁

3 月 29 日，毕业于东京美术学校。毕业前作油画自画像。

4月初，返回国内。

夏，应天津直隶高等工业学堂之聘，出任该校图画教师。

是年，上海城东女学《女学生》杂志第2期编辑出版，所题刊名用于该期封面。在该期上发表《艺术谈》。任教直隶高等工业学堂期间，应直隶省立第一师范附属小学校长胡玉荪之请，作直隶省立第一师范附属小学校歌。

1912年壬子33岁

年初，自津赴沪。

春节后，应上海城东女学校长杨白民聘请，任该校音乐、国文教职。

2月11日，加入南社。社员号为第211号。

3月初，与叶楚伧、柳亚子、朱少屏、曾孝谷一起在上海发起成立研究文学、美术的文美会。主持会务。拟每月雅集一次，传观《文美》杂志、联句、演讲、书画及拈阄交换等。

4月1日，《太平洋报》正式发行，任主笔，为广告部主任，负责该报广告和文艺副刊。在《太平洋报》开始连载《西洋画法》《广告丛谈》。在《太平洋报》刊出《城东女学制作品》，介绍城东女学的艺术活动。

4月7日，在《太平洋报》发表漫画《存吴氏之面相种种》。

4月8日，在《太平洋报》以“南市城东女学讲习会员皆于国文深造有得，兹择录一二如下”为题，发表三篇城东女学学生的文章，并有批语。

4月11日，在《太平洋报》发表《广告丛谈（一）》。

4月12日，在《太平洋报》发表《西洋画法》；刊出城东女学学生所做文章及诗若干，作案语。

4月17日，在《太平洋报》“再志城东女学国文成绩”，刊出胡萃新作文《论学校试验法之不可信》。

4月25日，在《太平洋报》刊出《城东女学国文之一斑》。

5月14日，在上海三马路大新街天兴楼酒馆参加文美会第一次雅集并成立大会。会上有同人制作品百余页，用杂志形式装成一册，名曰《文美》。其中有《李庐印谱序》和油画《盼》。

5月17日，在《太平洋报》刊出《城东女学国文一斑》，刊出其日籍夫人的长诗一首。

6月1日，为《太平洋报》另印一张《太平洋画刊》，随报奉送。

6月2日，在《太平洋报》刊出《平明会》，介绍城东女学艺术活动。

6月5日，在《太平洋报》刊出《征求滑稽讽刺画稿》。

6月8日，在《太平洋报》刊出城东女学将举行第10次游艺大会消息。

6月15日，在《太平洋报》发起“征求学生毛笔画”活动。

7月24日，在《太平洋报》刊出《城东女学书画研究会成绩展览会》消息。

8月22日，在《太平洋报》发表《城东女学书画研究会成绩》。

8月23日，在《太平洋报》续刊《城东女学书画研究会成绩》。

秋，任浙江两级师范学校高师图画手工专修科教师。该科以图画、手工为主科，音乐为副主科。为浙江第一师范学校运动会设计纪念笺。

冬，学生刘质平以作曲习作求教，约是晚8时35分在音乐教室见面。

是年，在《民声日报》发表画作《休战》《风柳》《落日》。加入西泠印社。

1913年癸丑34岁

4月1日，在《教育周报》第1期发表《唱歌法大意》。题字用于该期封面。

4月8日，在《教育周报》第2期发表《唱歌法大意》（续）。

5月13日至15日，敦促浙江两级师范学校举行了五周年校庆美术展览会。有纪念画册《浙江两级师范学校五周纪念会寄览书画册》出版。为该画册题写扉页："癸丑五月浙江两级师范学校成立五周纪念会寄览书画册"。

6月1日，在《教育周报》第8期发表《西洋画特别教授法》。此为《西洋画法》"序言"之后一部分文字。

夏，所编浙江两级师范学校文艺杂志《白阳》出版（目前仅见诞生号）。杂志内文字为手写，浙江两级师范学校校友会（封面标"癸丑五月"，版权页标"癸丑四月印刷发行"，前者当指公历，后者应系农历）印刷发行。在《白阳》上发表《白阳诞生词》（文）、《音乐序》（《音乐小杂志》序节录，文）、《西湖夜游记》（文）、《喝火令》（词）、《春游》（三部合唱）、《近世欧洲文学之概观》（文）、《西洋器乐种类概说》（文）、《石膏模型用法》（文）。

7月，浙江两级师范学校更名为浙江第一师范学校。普通优级师范并入北京高等师范学校，高师图画手工专修科仍留浙江第一师范学校，另挂一牌，称“浙江高等师范图画手工专修科”。继续担任该校艺术教职。

11 月 16 日，浙江第一师范学校举行第一次陆上运动会，师生齐唱《浙江第一师范学校校歌》（李叔同作曲，夏丏尊作词）。

1914年甲寅35岁

2 月，集门生组织成立浙江第一师范学校“桐阴画会”，定期举办艺术观摩活动。

11 月，浙江第一师范学校取“吉金乐石”之义，成立课余文艺团体乐石社。正式成立时间为该年农历九月中旬十五日以后至二十日以前（公历 11 月 2 日至 7 日间）。被选为乐石社主任。

是年，在浙江第一师范学校采用人体模特儿进行美术教学。此为在中国首用人体模特儿进行美术教学。主持出版《乐石》第一集（农历十一月出版）、第二集。组织高师图画手工专修科在杭州西泠印社召开学习音乐会。本次音乐会演出的内容有钢琴、风琴、独唱、合唱、重唱、外文歌曲等。其中吴梦非曾演奏了贝多芬钢琴奏鸣曲《月光》第 3 章。

1915年乙卯36岁

春，应南京高等师范学校校长江谦之聘，兼任该校图画音乐教师。

春夏，主持出版《乐石》第三集（农历一月出版）、《乐石》第四集（农历二月出版）、《乐石》第五集（农历三月出版）、《乐石》第六集（农历三月出版）、《乐石》第七集（农历四月出版）、《乐石》

第八集（农历五月出版）。刘质平因病休学，返海宁家中休养。行前借与《和声学》自修。《乐石社社友小传》出版（乐石社农历六月编印），为题刊名和扉页，并收《乐石社记》。卸任乐石社主任职，同时乐石社改主任制为社长制，由经亨颐担任社长。1912年招收的“浙江高等师范图画手工专修科”学生毕业，该科停办。7月，至日本度假。回国前嘱学生李鸿梁赴南京高等师范学校代课。在高师图画手工专修科培养的学生毕业。

是年，开始授丰子恺图画、音乐。在南京高等师范学校任教期间作《南京高等师范学校校歌》。鼓励学生吴梦非等送作品参选巴拿马太平洋万国博览会。

1916年丙辰37岁

9月24日，参加南社社友在上海愚园举办的第15次雅集，并合影留念。

12月16日，决定赴杭州虎跑寺实行断食。断食前自刻一印“丙辰息翁归寂之年”。始写《断食日志》。

1917年丁巳38岁

1月12日，结束断食后于是日午后1时返校。本学期仍兼任南京高等师范学校教职。

4月8日，参加在杭州葛荫山庄举行的南社同人雅集，并合影留念。

6月10日，浙江第一师范学校嘤鸣吟社出版文艺刊物《嘤鸣汇刊》（目前仅见第1期），为题刊名。担任嘤鸣吟社导师。

是年，鼓励协助姜丹书完成中国第一部美术史教材《美术史》。指导学校“桐阴画会”及金石篆刻研究活动。

1918年戊午39岁

1月30日，赴杭州虎跑寺习静。

2月25日，拜虎跑寺了悟法师，皈依佛教，法名演音，字弘一。

4月7日，杨白民携有学生书画成绩访经亨颐，陪同前往。

7月1日，入大慈山。入山前在学校提前完成了学生的考试。

7月18日，《民国日报》刊出《城东女学音乐会》报道。

8月19日，大势至菩萨圣诞日（农历七月十三日），在杭州虎跑定慧寺正式出家为僧。

秋，浙江第一师范学校学生沈本千在丰子恺的带领下来访请教艺术。沈本千曾记录访谈内容。

1919年己未40岁

夏，居杭州虎跑大慈寺结夏。赴杭州平海路省教育会二楼参观浙江第一师范学校桐阴画会同人举行的第一次作品对外美术作品展览。学生吴梦非、刘质平、丰子恺在上海创办中国第一个私立艺术专科学校上海专科师范学校，因办学经费不足，写大量字画交吴梦非变卖后充作学校资金。该校学制继承李叔同先生在浙江两级师范学堂施行的培养综合艺术师资的精神，设“图音科”（兼修绘画和音乐）和“图工科”（兼修绘画和手工）。（图音科中的音乐设钢琴或昆曲）另设专修科，分绘画和音乐两科。后加“文艺科”。

是年，介绍丰子恺至城东女学兼课。城东女学在中国人自办的女学中曾率先设立了文艺专修科。

1920年庚申41岁

4月20日，刊名题字“美育”用于中华美育会出版中国第一本美育学术刊物《美育》杂志，落款：弘一沙门释演音题。该刊总编辑吴梦非，音乐编辑主任刘质平，编辑李鸿梁、丰子恺（兼广告部主任）、手工编辑主任姜丹书，文艺编辑主任欧阳予倩，编辑姚石子、胡寄尘、萧退公等。油画作品《女》刊于该期，并附吴梦非作《李叔同先生小传》。

5月，在《美育》第2期发表《朽道人传》。

6月28日，在杭州浙江省教育会参观浙江第一师范学校洋画研究会出品展览会。评判作品，并摄影留念。

7月2日，青年会中学美术展览在该会童子军部举行，绘画作品《日暮》入展，被誉为“最精美之作”之一。本次展览征集作品百余幅。

7月，刊名题字“美育”复用于《美育》第4期，在该期上发表《朝》，署名：李叔同。

8月，刊名题字复用于《美育》第5期。在该期上发表诗词《老少年曲》《南浦月·将北行矣留别海上同人》《重饮小兰亭风景依稀心绪殊恶口占二十八字题壁时九月望前一日也》《二月望日歌筵赋此叠韵》《金缕曲·赠歌郎金娃娃》《滑稽传题词》《赠吾心楼主人》《菩萨蛮·忆杨翠喜》《为老妓高翠娥作》《金缕曲·将之日本留别祖国并呈同学诸子》，被冠以“弘一上人诗词集”，有吴梦非按语：“风雨无聊，偶于子顗处获见李叔同先生手书生平得意之作。拜诵之余，爱不忍释。然而缅想高风，又不禁景仰者久之。谨依岁序，录之志中，聊纪念弘一上人入世之手泽云尔。庚申秋夜吴梦非附识。”

1921年辛酉42岁

7 月，在《美育》第 6 期上发表诗词《菩萨蛮 · 忆杨翠喜》《为老妓高翠娥作》（此二首上期已刊登，为重复刊登）、《喝火令》《高阳台 · 忆金娃娃》《醉时》《春风》《昨夜》《初梦》《帘衣》，冠以“弘一上人诗词集（续）”，标明“梦非辑”。

8 月 4 日，绘画作品参加在静安寺路环球中国学生会楼上举行的天马会第 4 届绘画展览会。

1922年壬戌43岁

春，在温州庆福寺为城东女学任教时的学生朱贤英女士题遗画集。款识：壬戌二月大慈弘一沙门演音，书于温岭城寮藏室。

秋，为支持上海艺术师范学校（原上海艺术专科师范学校）办学，书联 30 幅赠之。

1924年甲子45岁

是年，周玲荪编《中等学校唱歌集第二编——歌曲集》由商务印书馆出版，《丰年》《归燕》《忆儿时》《人与自然界》《月》《幽居》《废墟》《西湖》《落花》《晚钟》《采莲》《送别歌》被收入歌集。周玲荪编《新时代高中唱歌集》由商务印书馆出版，收李叔同《诚》《月》《忆儿时》《幽居》《西湖》《落花》《晚钟》《采莲》《送别歌》。

1925年乙丑46岁

毛善力辞去衢州浙江省立第八中学教职，抵杭州求教书法篆刻，遂介绍其从马一浮进修国学，从叶为铭习印章，从周承德习篆书，从黄宾虹习国画。

1926年丙寅47岁

10月，书画作品在中华艺术大学兴学书画展览会展出。

12月24日，作品随中华艺术大学兴学书画展移至俭德储蓄会大礼堂继续展出。展至28日止。本展览有展品数千件，共陈五室。

1927年丁卯48岁

8月，丰子恺与裘梦痕合编的《中等教科适用歌曲集·中文名歌五十曲》由开明书店出版。序言曰：“这册子里所收的曲，大半是西洋的Most popular的名曲；曲上的歌，主要是李叔同先生所作或配的。”

10月21日，在上海江湾镇立达校舍永义里丰宅楼下钢琴旁收丰子恺为皈依弟子，为取法名婴行。与皈依后的丰子恺共同发心编绘《护生画集》。

1928年戊辰49岁

夏，自温州至上海，与丰子恺、李圆净共商编绘《护生画集》。

秋，马一浮受委托为《护生画集》作序。

9月，名下歌曲《月夜》《幽人》《春夜》《秋夜》收钱君匋编《中国名歌选》由开明书店出版（其中《秋夜》非李叔同作，真实作者系周玲荪)。

10月，柯政和、张秀山编《民歌新集》第2册由中华乐社出版，收《大中华》(歌曲)。

冬，赴上海商定《护生画集》出版事宜。

1929年己巳50岁

2月,《护生画集》由开明书店出版。有所写《护生画集》回向偈及50幅护生画之题句。所有题句，凡引用古人诗文者均标注出处。回向偈小序曰:“李丰二居士发愿流布护生画集，盖以艺术作方便，人道主义为宗趣。每画一叶，附白话诗。选录古德者十七首，余皆贤瓶闲道人补题，并书二偈而为回向。”二偈为:“我依画意，为白话诗。意在导俗，不尚文词;普愿众生，承斯功德。同发菩提，往生乐国。”

夏，至白马湖。弟子刘质平有感于社会上靡靡之音流行，欲请其再作校园歌曲。应允。此即后之《清凉歌集》缘起。

1930年庚午51岁

年初，在闽南佛学院与太虚大师合作《三宝歌》，为选曲，由太虚大师依曲谱作词。

11月14日，在浙江慈溪金仙寺致刘质平信(署“九月廿四日”)，表示《清凉歌集》注释已托芝峰法师撰写。

1931年辛未52岁

11月4日，在浙江慈溪金仙寺致芝峰法师信(署“九月廿五日”)，感谢承诺代撰《清凉歌集》释文等。

1932年壬申53岁

12月15日，杜庭修编辑的《仁声歌集》由仁声印书局出版。注“李叔同作歌”者有:《人与自然界》《送别》《秋夜》《幽居》《归燕》。

1933年癸酉54岁

3月，周玲荪编《新时代高中唱歌集》由商务印书馆出版,《诚》《月》《忆儿时》《幽居》《西湖》《落花》《晚钟》(以上署名)、《丰年》《归燕》《人与自然界》《月》《幽居》《废墟》《采莲》和《送别歌》被收入歌集。

1934年甲戌55岁

5月1日，绘画作品《石墨》在《天津漫画》创刊号发表。署:“朵生仁哥大人嘱，弟蹊。”

1935年乙亥56岁

7月,《开明音乐教本》(丰子恺与裘梦痕合编)由开明书店出版，共7册，分乐理及唱歌2编，“乐理编”1册，“唱歌编”6册。《送别》《春游》等收入“唱歌编”。

1936年丙子57岁

4月19日，各体书法作品在上海新华艺专第九、第十一教室举办的弘一上人书法展览会展出，刘质平主办，为其20余年所藏，免费参观。当日《申报》刊出题为《新华艺专举行弘一法师墨宝展览会》消息：“弘一法师原名李叔同，为我国一代艺人，书法直追晋唐。出家以后，其作品为世人所珍，兹由其弟子刘质平将二十年来收藏法师墨宝数百幅，定于本月十九日（星期日）上午九时起至下午六时止，在本市斜徐路打浦桥新华艺专公开展览，欢迎参观，毋须入场券云。”

10月，《清凉歌集》由开明书店出版，收歌曲《清凉》《山色》《花香》《世梦》《观心》。5首歌分别由俞绂棠、潘伯英、徐希一、唐学咏、刘质平谱曲。附释芝峰：《〈清凉歌集〉达恉》，夏丏尊序，马一浮题封面。

11月3日，各体书法作品在上海南京路虞洽卿路大新公司四楼中国画会第6届书画展览会专辟一室展出。此为展方商请刘质平参与后所为。展期为11月3日至5日。

1937年丁丑58岁

4月27日，《光明》杂志在上海中国饭店召开中国剧坛先驱者怀旧座谈会，参加者有欧阳予倩、马彦祥、应云卫、唐槐秋、郑伯奇、夏衍、阿英、沈西苓、袁牧之、许幸之、凌鹤、张庚、章泯、王莹、白杨等，记录员尤兢（于伶）、赵慧深。欧阳予倩述及春柳社《茶花女》演出时，尤兢表示自己有藏半张《茶花女》演出明信片。郑伯奇提议将其印出。该半张明信片后在《光明》杂志第2卷第12期刊出。

5月2日，厦门市第一届运动大会筹备委员会来函：“本会为提倡国民体育起见，订于本月二十日起在中山公园举行全市第一届运动大会。关于大会会歌拟请弘一法师编制，案经本会第二次会议议决通过。相应录案，函请查照，务希俞允赐复为荷！此致弘一法师。厦门市第一届运动大会筹备委员会启式　五月二日。”

5月13日，《厦门第一届运动大会歌》刊载在《华侨日报》。

1940年庚辰61岁

11月，《续护生画集》（60幅）由开明书店出版。为作跋文刊于书中，署名：晚晴老人。另有夏丏尊序。为画集书配画文字。

1941年辛巳62岁

2月，柳亚子撰《赠弘一大师偈跋》：“弘一大师为余三十年前旧交，即以‘茶花女’现身说法之李息霜也。南社、文美会都有因缘。嗣闻君披剃大慈山，遂绝音耗。顷复念其闭关闽海，爰书此勖之。中华民国三十年二月亚子，九龙。”

5月，《护生画集正续合刊》由大法轮书局出版。

1942年壬午63岁

秋，应张人希之请在温陵养老院为张氏之父所集清末名家书画册作跋尾：“书画风度，每随时代而变易。是为清季人作，循规蹈矩，犹存先正典型，可宝也。”款识：“壬午秋，亡言，时年六十有三。”

10月13日，8时整，在泉州圆寂。